COLLEC

Sous la d

D1251667

Charles **BAUDELAIRE**

jadi
Marcotte

LES FLEURS DU MAL

Texte intégral

Présentation
Serge Provencher
Cégep de Saint-Jérôme

E RPi
ÉDITIONS DU RENOUVEAU PÉDAGOGIQUE INC.

5757, RUE CYPIHOT, SAINT-LAURENT (QUÉBEC) H4S 1R3
TÉLÉPHONE: (514) 334-2690   TÉLÉCOPIEUR: (514) 334-4720
erpidlm@erpi.com   **www.erpi.com**

Développement de produits
Pierre Desautels

Supervision éditoriale
Jacqueline Leroux

**Révision linguistique
et correction d'épreuves**
Claire St-Onge

Direction artistique
Hélène Cousineau

Coordination de la production
Muriel Normand

Conception graphique
Martin Tremblay

Édition électronique
Infographie DN

Photographie de la couverture
akg-images

Pour la protection des forêts,
cet ouvrage a été imprimé sur
du papier recyclé
- contenant 100 % de fibres
  postconsommation;
- certifié Éco-Logo;
- traité selon un procédé
  sans chlore;
- certifié FSC;
- fabriqué à partir d'énergie
  biogaz.

Dépôt légal:
Bibliothèque et Archives nationales du Québec, 2007
Bibliothèque nationale et Archives Canada, 2007
Imprimé au Canada

ISBN 978-2-7613-2180-8

234567890 AGMV 0987
20409 ABCD   ENV-12

« On dit qu'il faut couler les exécrables choses
Dans le puits de l'oubli et au sépulchre encloses,
Et que par les escrits le mal resuscité
Infectera les mœurs de la postérité ;
Mais le vice n'a point pour mère la science,
Et la vertu n'est pas fille de l'ignorance. »

THÉODORE AGRIPPA D'AUBIGNÉ,
Les tragiques, Livre II

Table des matières

---

1. *Pour consulter la liste alphabétique des titres et des incipits des poèmes, veuillez vous reporter à la p. 183.*

Fleurs du mal

Tableaux parisiens

Les épaves

Une œuvre tout à fait actuelle

Qui, de nos jours, n'est pas frappé par les extrêmes que renferme notre monde ? Par la coexistence du bien et du mal ? De la beauté et de la laideur ? De l'idéal et du réel ? Qui, à un moment ou à un autre, n'a pas hésité entre Dieu et Satan ? Entre l'amour et la haine ? Entre le corps et l'esprit ? Qui, enfin, n'a pas réfléchi à des sujets tels que la sexualité ou les ravages que peut infliger le temps ?

Disparu il y a presque 150 ans, Charles Baudelaire (1821-1867) a traité de tous ces thèmes actuels dans *Les fleurs du mal,* titre qui lui-même inclut le meilleur comme le pire. En effet, en associant les mots *fleurs* et *mal* dans une sorte d'antithèse, l'auteur annonce tout un programme : la volupté côtoiera la cruauté, l'amour sublime cohabitera avec les corps en décomposition, etc.

Le projet est audacieux pour l'époque. Dès sa parution, le recueil fait scandale et est l'objet de poursuites qui mèneront à sa condamnation. On le sait, une œuvre interdite est une œuvre qui tout à la fois dérange et séduit ; en bravant la morale et l'ordre établi, ce type d'écrit attire le lecteur, car il semble ouvrir de nouveaux horizons et il est souvent de ce fait la promesse – non le gage – du chef-d'œuvre. Avec *Les fleurs du mal,* Baudelaire va effectivement plus loin que ses contemporains romantiques et ouvre la voie à la poésie moderne en créant une œuvre – un chef-d'œuvre – qui, aujourd'hui encore, dérange et séduit. Et pourtant, il s'agit de poésie, certes, de la plus belle poésie qu'on puisse imaginer et dans laquelle Baudelaire dégage du terme *insolite* tout son potentiel esthétique.

Par ailleurs, considérant la société européenne du XIXe siècle, qui ne connaît pas encore le cinéma ou la télévision, nous pouvons dire, en exagérant à peine, que les poèmes des *Fleurs du mal* constituent en quelque sorte les vidéoclips de l'époque ! En effet, chacun des textes n'est-il pas un récit condensé au maximum ? Une succession d'images éblouissantes ? Avec des surprises, des musiques et des rythmes divers ? Quiconque prend la peine de s'y attarder connaîtra un plaisir redoublé : celui de découvrir que d'autres ont pensé comme nous et que nous ne sommes donc pas seuls ; et celui de goûter un texte bien ciselé, qui nous transporte comme le fait l'écoute d'une chanson que nous aimons.

« *Les fleurs du mal* sont le livre de la condition humaine[1] », affirmait Blaise Allan, un spécialiste de Baudelaire.

---

1. Blaise ALLAN. *Les fleurs du mal suivi du Spleen de Paris,* Paris et Lausanne, Éditions de Clairefontaine, 1947, p. 8.

Avant-propos

Le contexte et l'époque

Le terreau sur lequel fleurissent ces *Fleurs du mal* a une influence significative sur l'œuvre. Baudelaire réagit au contexte qui est le sien, soit la France du XIXᵉ siècle. Nous ne retiendrons ici que deux grandes tendances qui ont marqué cette période fort complexe : l'instabilité politique et l'industrialisation, accompagnée de découvertes techniques et scientifiques.

Dans ce XIXᵉ siècle dominé par l'instabilité politique qui suit la Révolution française de 1789, la population continue d'espérer l'arrivée de jours meilleurs, d'autant plus que ce siècle nouveau coïncide avec le règne de Napoléon. Cependant, les régimes impopulaires se succèdent et finissent dans des crises qui ébranlent la France entière. Baudelaire lui-même monte aux barricades. Ainsi, dès 1815, le Premier Empire de Bonaparte cède la place à la Restauration, qui voit le retour de la monarchie. Viendront ensuite la IIᵉ République (Révolution de 1848), puis le Second Empire de Napoléon III, qui contraint Victor Hugo à l'exil, et, enfin, la IIIᵉ République (1871).

Les nombreuses découvertes techniques et scientifiques, comme la radiographie, le vaccin, l'anesthésie, l'électricité et le moteur à explosion, laissent entrevoir une amélioration des conditions de vie pour tout le monde. L'époque est également marquée par l'industrialisation, qui révolutionne les modes de production.

Malheureusement, tant sur le plan politique que sur le plan social, aux espoirs et aux promesses correspond une réalité faite de déceptions, d'échecs et d'injustices. Dans tous les domaines, le progrès n'entraîne pas les retombées escomptées. Peu à peu, la morosité ambiante fait place au découragement, voire à la révolte, notamment chez les jeunes.

Quant à la technologie et à la science, on s'aperçoit déjà que, loin de procurer le bonheur, elles ne font qu'amplifier outrageusement les inégalités sociales.

Balzac, Hugo et Zola illustrent merveilleusement dans leurs romans cette société divisée entre riches et pauvres. Les *misérables* ouvriers et paysans vivent dans des conditions inimaginables, n'arrivant même pas à se nourrir. De leur côté, les grands bourgeois qui possèdent les industries amassent des fortunes colossales dont ils ne savent que faire.

Au milieu de ce siècle perturbé, l'artiste ou l'écrivain sont souvent amenés à vivre en marge de la société. Ils dénoncent le conformisme et ses valeurs, tout en cherchant à s'en échapper de diverses manières. L'une de ces issues demeure la bohème, un style de vie découlant du mouvement romantique et qui séduit ceux qui disposent de beaucoup de temps libre, surtout des étudiants et des chômeurs. Cette bohème se caractérise également « par le manque d'argent, les amours irrégulières, l'inconfort et tout un jeu sur l'apparence (vêtement, coiffure, attitude politique et esthétique)[1] », autant de voies qui attirent Baudelaire.

Charles Baudelaire : un original

En 1857, lorsque paraissent *Les fleurs du mal,* on ne sait trop à quel mouvement associer Baudelaire. Dernier des romantiques pour les uns, premier des symbolistes pour les autres, surnaturaliste à ses propres yeux, il représente un cas unique. Quoi qu'il en soit, il est déjà connu comme traducteur des contes d'Edgar Allan Poe mais aussi comme dandy, c'est-à-dire homme aux manières raffinées, aux vêtements élégants et aux attitudes empreintes d'esprit ou d'impertinence.

---

1. Jacques DEMOUGIN. *Dictionnaire des littératures française et étrangères,* Paris, Larousse, 1985, p. 217.

Bref, si le recueil de poèmes s'avère original, son auteur, âgé alors de 36 ans, l'est tout autant.

À la naissance de Baudelaire, son père, Joseph-François, veuf, retraité et peintre amateur, vient de se remarier avec la jeune Caroline Dufaÿs, orpheline de père et de mère. Baudelaire a un demi-frère, de 16 ans son aîné. Tout va pour le mieux et son père, fait inusité, prend même le temps de l'initier aux arts, ce qu'il fera jusqu'à sa mort, en 1827.

Un an plus tard, sa mère se remarie. Le beau-père, Jacques Aupick, est un militaire de carrière. Ce n'est pas une mauvaise personne. D'ailleurs, au début, les relations sont plutôt cordiales avec le fils de Caroline. Mais Charles est alors envoyé en pension ; il ressent déjà un « sentiment de destinée éternellement solitaire ». Puis, Aupick, qui est un homme ambitieux (il sera même sénateur et ambassadeur), poussera Charles à réussir à sa façon à lui, par exemple en s'inscrivant en droit. Une incompréhension mutuelle s'installe entre le futur poète et le militaire.

C'est alors qu'il vit à Paris que Baudelaire découvre la bohème, la littérature, les prostituées et la drogue. Pour lui changer les idées, sa famille le confie au capitaine Saliz, qui doit aller en Inde. Mais Baudelaire fait demi-tour à l'île Maurice.

À son retour, il est plein de bonnes intentions. Mais voilà qu'à sa majorité, le jeune homme reçoit sa part d'héritage : 100 000 francs-or – plus d'un demi-million de dollars d'aujourd'hui. Comme il dépense sans compter, les Aupick s'empressent de lui imposer un conseil judiciaire pour gérer ses avoirs : Baudelaire n'aura droit qu'à une maigre rente mensuelle, et ce, jusqu'à la fin de ses jours.

Dès lors, et durant toute son existence, Baudelaire connaîtra de graves problèmes d'argent, réclamant dans chaque lettre à sa mère de quoi éponger ses dettes. L'indépendant en lui est également humilié. Mais il continue sa vie folle. Il fait notamment la rencontre de Jeanne Duval, une « Vénus noire » avec qui il aura une liaison « ponctuée de ruptures et de raccommodements[1] ».

Pour gagner sa vie, il écrit. D'abord critique d'art, il fait ensuite paraître 18 poèmes des *Fleurs du mal* dans une revue. Puis ce sera la publication intégrale du recueil, qui contient alors 100 textes. Lui qui aime provoquer atteint son but. La réaction est immédiate : il est jugé coupable d'atteinte à la morale publique, avec des poèmes comme *Les bijoux,* et d'atteinte à la morale religieuse, avec des poèmes comme *Le reniement de saint Pierre* (« Saint Pierre a renié Jésus... il a bien fait ! »).

Une deuxième édition paraît, enrichie de nouveaux textes. Baudelaire en est satisfait. D'après lui, le livre restera, surtout en tant que témoignage de son dégoût et de sa haine de toutes choses. Il publie aussi quelques textes qui, après sa mort, feront partie du *Spleen de Paris,* un recueil de poèmes en prose constituant une sorte de pendant aux *Fleurs du mal,* mais avec des innovations formelles qu'il n'avait jamais encore osées.

Après le décès de son beau-père, il se rapproche de sa mère qu'il rejoint à Honfleur, fuyant par la même occasion ses créanciers. En 1864, il s'installe à Bruxelles pour visiter les riches galeries d'art et donner quelques conférences. Mais rien ne se passe comme prévu et la Belgique finit par lui paraître détestable, « plus barbare que la France », écrira-t-il.

Baudelaire passe les deux dernières années de sa vie dans un médiocre hôtel bruxellois. Un jour qu'il visite l'église Saint-Loup avec un de ses amis, l'artiste Félicien Rops, Baudelaire s'écroule. Sa mère le ramène à Paris et le confie à une maison de santé. Il est atteint de troubles cérébraux, notamment

---

1. Robert KOPP. *Baudelaire. Le soleil noir de la modernité,* Paris, Gallimard, « Découvertes Gallimard », 2004, p. 28.

d'aphasie. Pendant un an, il ne dit rien d'autre que « Non, cré non ». Peut-être que cet état est lié à une sorte de commotion cérébrale qui aurait fait passer sur lui « le vent de l'imbécillité ». Il s'éteint le 31 août 1867.

Dans son ouvrage sur le poète, Michel Schneider écrit : « Proust, qui venait de voir sa mère, devenue aphasique elle aussi, rapporte que Baudelaire, s'apercevant dans un miroir tenu par une amie pour qu'il se peignât, s'approcha du cadre. Dedans, "un visage moribond qui s'ignore et qui de ses yeux presque déjà fermés s'imagine un visage de vie". Il ne se peigna pas, ne se reconnut pas. Il salua l'inconnu au fond de la glace.[1] »

Les fleurs du mal

Entre le poème *À une dame créole,* écrit à l'époque de ses 20 ans, et la publication de la troisième édition du recueil, un an après la mort du poète, *Les fleurs du mal* ne cessent d'évoluer. D'une parution à l'autre, les nombreuses variantes montrent que l'auteur retouche constamment ses textes, allant même jusqu'à changer le titre du recueil. Ainsi, *Les fleurs du mal* succède à deux autres titres : *Les lesbiennes* et *Les limbes* (le premier cercle de l'enfer). « J'aime les titres mystérieux ou les titres pétards », écrit-il à son éditeur. Baudelaire conçoit pourtant *Les fleurs du mal* comme un ensemble structuré et cohérent. Selon lui, on doit lire les poèmes du recueil dans l'ordre où ils apparaissent[2].

Au surplus, après la condamnation qui l'oblige à enlever six pièces à son recueil (*Lesbos, Femmes damnées : Delphine et Hippolyte, Le Léthé, À celle qui est trop gaie, Les bijoux* et *Les métamorphoses du vampire*), Baudelaire ne se contente pas

---

1. Michel SCHNEIDER. *Baudelaire. Les années profondes,* Paris, Seuil, « La librairie du XXᵉ siècle », 1994, p. 166.

2. La version qui est présentée ici contient les 100 textes de l'édition originale, suivis de ceux qui sont venus s'ajouter jusqu'à la troisième édition.

de remplacer ces dernières. Il en ajoute de nombreuses autres, « faites pour être adaptées au cadre singulier que j'avais choisi », note-t-il. Le tout étant encore plus solide à ses yeux, il écrit à sa mère : « Pour la première fois de ma vie, je suis presque content. Le livre est presque bien. »

Ainsi donc, *Au lecteur, Spleen et idéal, Fleurs du mal, Révolte, Le vin* et *La mort* constituent autant de parties, avec « un commencement et une fin », et entre lesquelles viendront plus tard s'insérer les *Tableaux parisiens,* qui constituent la troisième partie. Derrière cette organisation formelle, et après un avertissement au lecteur où transparaît l'intention provocatrice, s'amorce un puissant mouvement qui prend sa source dans la quête d'idéal du poète et qui tend vers la mort, seule échappatoire possible.

Toutefois, bien que ce dernier thème soit au centre de l'œuvre, on se rend vite compte que son pendant – la vie – y figure aussi en bonne place, ce qui nous ramène aux extrêmes évoqués plus haut et qui sont omniprésents dans l'œuvre. « Tout enfant, j'ai senti dans mon cœur deux sentiments contradictoires, l'horreur de la vie et l'extase de la vie », rappelle-t-il dans l'ouvrage *Mon cœur mis à nu*[1].

Ce simple mot, *cœur,* pour peu qu'on s'y attarde, combien de fois le lisons-nous dans les poèmes des *Fleurs du mal* ! Mais, en même temps, selon la logique baudelairienne, combien de fois sera-t-il question de *carcasse,* de *haine,* de *vice* ou de *vampire* ! C'est le mélange, encore, des opposés, des extrêmes.

Comme il l'explique lui-même, tout vient de ce principe qui lui est cher : « Il y a dans tout homme, à toute heure, deux postulations simultanées, l'une vers Dieu, l'autre vers Satan. » Le bien et le mal coexistent à chaque instant. Mais, plus encore,

---

1. Charles Baudelaire. *Mon cœur mis à nu*, Paris, Librairie générale française, « le livre de poche », 1972, p. 49.

ils s'épousent souvent, ne faisant qu'un, avec le résultat qu'il y a de la beauté dans le mal et la laideur, par exemple.

Dans un de ses journaux intimes, Baudelaire affirme d'ailleurs avoir trouvé sa définition du *beau*. Prenant pour exemple un visage de femme, il écrit : « Une tête séduisante et belle, une tête de femme, veux-je dire, c'est une tête qui fait rêver à la fois – mais d'une manière confuse – de volupté et de tristesse ; qui comporte une idée de mélancolie, de lassitude, même de satiété – soit une idée contraire, c'est-à-dire une ardeur, un désir de vivre, associés avec une amertume refluante, comme venant de privation ou de désespérance. »

À ce sujet, Jean Prévost souligne : « *À la fois* l'horreur et le désir, *à la fois* la haine et l'amour ; cette union des contrastes excite l'invention de Baudelaire. Il est assez commun de haïr ce qu'on a aimé [...]. Mais c'est alors changement d'opinion, découverte de la trahison ou de l'indignité de la bien-aimée. De même, il est assez fréquent de détester les péchés de la chair après s'en être délecté. Mais il est rare de ressentir ces deux sentiments, dans toute leur force, à la même minute. Il est rare d'évoquer, au milieu des rêves du plaisir, l'image la plus horrible qui puisse traîner au fond des cauchemars. Chez Baudelaire, l'un appelle l'autre.[1] »

Pour mieux décoder le recueil

Il apparaît donc que chacun des thèmes présents dans *Les fleurs du mal* renferme son contraire. Maintenant, s'il a déjà été question de la mort, comment ne pas mentionner le spleen ? « Quand le ciel bas et lourd pèse comme un couvercle », lit-on dans son poème intitulé *Spleen* (p. 64).

Baudelaire donne une couleur nouvelle à ce mot ancien. Évoquant la bourgeoisie, les habitudes et l'enfermement dans les cités, le spleen, cette mélancolie sans cause particulière et

---

1. Jean PRÉVOST. *Baudelaire*, Paris, Mercure de France, 1964, p. 213.

teintée de dégoût, contient, lui aussi, un peu de son contraire, c'est-à-dire le plaisir. C'est également la preuve que l'enfer est ici, sur la Terre. En outre, le spleen sous-tend d'autres thèmes, dont celui du temps, si important dans *Les fleurs du mal*.

En effet, l'idée de voir le temps filer à toute allure n'est pas étrangère au découragement, à la souffrance, physique et morale. Les effets du temps sont alors perçus comme autant de symboles de nos défaites face à ce joueur «Qui gagne sans tricher, à tout coup! c'est la loi» («L'horloge», p. 135).

Pour mieux décoder le recueil, il faut aussi garder en tête le fait que les thèmes tels que la beauté, l'idéal et l'amour sont étroitement liés à l'éducation catholique du poète. Le texte d'ouverture, *Au lecteur,* nous rappelle sans détour que Satan possède notre esprit. Suivent, tout au long du recueil, des centaines de références directes à la religion, ce qui fera dire à Barbey d'Aurevilly[1] qu'après *Les fleurs du mal*, Baudelaire n'a d'autre choix que de se brûler la cervelle… ou de se faire chrétien !

Si l'œuvre est originale dans sa façon d'aborder des thèmes nouveaux, si l'histoire littéraire la retient et si elle influence des poètes comme Rimbaud ou Nelligan, sans doute est-ce dû, en outre, aux correspondances religieuses et esthétiques. Sur le plan religieux, les correspondances consistent à chercher à atteindre les réalités divines ou sataniques à partir de liens avec des réalités terrestres. Ces dernières deviennent alors autant de symboles qui observent l'être humain «avec des regards familiers». Ainsi, lorsque «L'Amour est assis sur le crâne/De l'Humanité», ce crâne, sur lequel on peut s'asseoir, renvoie à notre fin inéluctable et sans espoir. Sur le plan esthétique, les correspondances désignent les images que le poète emploie, au milieu des musiques et des rythmes, et qui

---

1. Robert KOPP, *op.cit.*, p. 138.

prennent parfois le visage de la métaphore filée ou d'un mot plurivoque (par exemple, le noir peut renvoyer à la mort, au prêtre, à l'encre, à la bien-aimée, à l'enfer, au néant, au désespoir, etc.).

Le style de Baudelaire

Quiconque entreprend la lecture ou l'étude d'un texte de Baudelaire sera sans doute rassuré par le fait que l'œuvre placée devant ses yeux est celle d'un grand maître du style. Son perfectionnisme et son souci du détail se reflètent dans tous les aspects de son écriture.

Ainsi, la forme générale du poème résulte toujours d'une réflexion. Par exemple, si *L'horloge* comporte 24 vers de 12 syllabes, ce ne peut être le fruit du hasard. Ces nombres deviennent eux aussi symboliques, en quelque sorte, bien que le résultat ne soit pas toujours aussi mathématique.

De plus, il faut comprendre que l'originalité du style de Baudelaire s'explique en bonne partie par l'imprévisibilité dont il imprègne son œuvre. Rompant avec la tradition littéraire et les romantiques, Baudelaire multiplie les associations étonnantes et les surprises. Il n'hésite pas non plus à faire valoir ses idées, même si celles-ci vont parfois à l'encontre des règles et des mœurs de son époque.

Qu'il parle de « minéraux charmants », de « cheveux bleus », de « gorge triomphante [qui] est une belle armoire » ou de « vermine qui vous mangera de baisers », Baudelaire dispose d'un impressionnant arsenal de procédés pour provoquer des étincelles, tel l'oxymore, cette figure de rhétorique qui associe deux termes incompatibles, comme dans « vivante carcasse ».

Cependant, si les figures de style abondent, il reste que chacune d'elles s'insère naturellement dans le texte, donnant plus de force au message du poète. Baudelaire explique que, chez un bon écrivain, « ces comparaisons, ces métaphores et ces épithètes sont prises dans l'inépuisable fonds de l'universelle analogie, et qu'elles ne peuvent être puisées ailleurs ».

Enfin, le recours à une foison d'autres procédés enrichit son style, notamment l'utilisation de l'italique, des majuscules, de la ponctuation, des dialogues et des langues étrangères, sans compter les références à la peinture, à la sculpture et à la mythologie grecque ou romaine.

Dans une conférence de 1924[1], Paul Valéry mentionne : « Le problème de Baudelaire pouvait donc – devait donc – se poser ainsi : être un grand poète, mais n'être ni Lamartine, ni Hugo, ni Musset. » Ce problème fut résolu. Baudelaire s'est trouvé un style, malgré l'influence de Poe, son frère spirituel, dont il dit : « La première fois que j'ai ouvert un livre de Poe, j'ai vu... des phrases pensées par moi. »

AVERTISSEMENT

Les trois premières éditions (1857, 1861 et 1868) des Fleurs du mal *révèlent plusieurs façons de regrouper les poèmes. Quoique Baudelaire se soit dit satisfait de la deuxième édition – d'où l'empressement de plusieurs à ordonner les textes selon ce modèle –, celle-ci n'en constitue pas moins un pis-aller, puisque l'auteur est forcé d'écarter certaines pièces. Pour notre part, l'édition établie en 1972 par Yves Florenne, critique littéraire au* Monde, *nous a paru des plus intéressantes et nous avons retenu ici l'ordre des poèmes qu'il a privilégié.*

Dans son avertissement au lecteur, Florenne souligne que l'édition qu'il propose apparaît «comme la plus satisfaisante, et la seule, en tout cas, qui reflète le plus fidèlement le dessein primitif et la volonté libre du poète »[2]. Il explique en détail pourquoi il faut commencer par les 100 poèmes d'avant la condamnation, évoquant notamment le respect de la pensée créatrice du poète.

De notre point de vue, la présentation des 100 poèmes originaux, suivis des autres par ordre d'apparition, respecte donc plus que n'importe quelle autre solution l'architecture initiale de l'œuvre baudelairienne, avec cette forte unité que nous avons voulu retrouver et conserver.

---

1. Paul VALÉRY. « Situation de Baudelaire », dans *Œuvres I*, Paris, Gallimard, « Bibliothèque de la Pléiade », 1975, p. 598 à 613.
2. Charles BAUDELAIRE. *Les fleurs du mal*, Présentation de Yves Florenne, Paris, Librairie générale française, « Le livre de poche », 1972, p. xxxv.

LES FLEURS DU MAL

AU POÈTE IMPECCABLE

AU PARFAIT MAGICIEN ÈS LETTRES FRANÇAISES
À MON TRÈS CHER ET TRÈS VÉNÉRÉ

MAÎTRE ET AMI

THÉOPHILE GAUTIER

AVEC LES SENTIMENTS
DE LA PLUS PROFONDE HUMILITÉ

JE DÉDIE

CES FLEURS MALADIVES

C. B.

AU LECTEUR

La sottise, l'erreur, le péché, la lésine[1],
  Occupent nos esprits et travaillent nos corps,
  Et nous alimentons nos aimables remords,
4 Comme les mendiants nourrissent leur vermine.

Nos péchés sont têtus, nos repentirs sont lâches;
  Nous nous faisons payer grassement nos aveux,
  Et nous rentrons gaiement dans le chemin bourbeux,
8 Croyant par de vils pleurs laver toutes nos taches.

Sur l'oreiller du mal c'est Satan Trismégiste[2]
  Qui berce longuement notre esprit enchanté,
  Et le riche métal de notre volonté
12 Est tout vaporisé par ce savant chimiste.

C'est le Diable qui tient lès fils qui nous remuent!
  Aux objets répugnants nous trouvons des appas[3];
  Chaque jour vers l'Enfer nous descendons d'un pas,
16 Sans horreur, à travers des ténèbres qui puent.

Ainsi qu'un débauché pauvre qui baise et mange
  Le sein martyrisé d'une antique catin,
  Nous volons au passage un plaisir clandestin
20 Que nous pressons bien fort comme une vieille orange.

Serré, fourmillant, comme un million d'helminthes[4],
  Dans nos cerveaux ribote[5] un peuple de Démons,
  Et, quand nous respirons, la Mort dans nos poumons
24 Descend, fleuve invisible, avec de sourdes plaintes.

----

1. Avarice.
2. Démon de la perversité.
3. Ancienne orthographe de *appâts* (attraits, charmes).
4. Vers parasites.
5. *Riboter*: faire la fête.

Si le viol, le poison, le poignard, l'incendie,
N'ont pas encor brodé de leurs plaisants dessins
Le canevas banal de nos piteux destins,
28 C'est que notre âme, hélas ! n'est pas assez hardie.

Mais parmi les chacals, les panthères, les lices[1],
Les singes, les scorpions, les vautours, les serpents,
Les monstres glapissants, hurlants, grognants, rampants,
32 Dans la ménagerie infâme de nos vices,

Il en est un plus laid, plus méchant, plus immonde !
Quoiqu'il ne pousse ni grands gestes ni grands cris,
Il ferait volontiers de la terre un débris
36 Et dans un bâillement avalerait le monde ;

C'est l'Ennui ! L'œil chargé d'un pleur involontaire,
Il rêve d'échafauds en fumant son houka[2].
Tu le connais, lecteur, ce monstre délicat,
40 – Hypocrite lecteur, – mon semblable, – mon frère !

---

1. Femelles de chiens de chasse.
2. Pipe indienne.

I – BÉNÉDICTION

Lorsque, par un décret des puissances suprêmes,
Le Poète apparaît en ce monde ennuyé,
Sa mère épouvantée et pleine de blasphèmes
4 Crispe ses poings vers Dieu, qui la prend en pitié :

– « Ah ! que n'ai-je mis bas tout un nœud de vipères,
Plutôt que de nourrir cette dérision !
Maudite soit la nuit aux plaisirs éphémères
8 Où mon ventre a conçu mon expiation !

« Puisque tu m'as choisie entre toutes les femmes
Pour être le dégoût de mon triste mari,
Et que je ne puis pas rejeter dans les flammes,
12 Comme un billet d'amour, ce monstre rabougri,

« Je ferai rejaillir ta haine qui m'accable
Sur l'instrument maudit de tes méchancetés,
Et je tordrai si bien cet arbre misérable,
16 Qu'il ne pourra pousser ses boutons empestés ! »

Elle ravale ainsi l'écume de sa haine,
Et, ne comprenant pas les desseins éternels,
Elle-même prépare au fond de la Géhenne[1]
20 Les bûchers consacrés aux crimes maternels.

Pourtant, sous la tutelle invisible d'un Ange,
L'Enfant déshérité s'enivre de soleil,
Et dans tout ce qu'il boit et dans tout ce qu'il mange
24 Retrouve l'ambroisie[2] et le nectar vermeil.

---

1. Enfer.
2. Nourriture des dieux, source d'immortalité.

Il joue avec le vent, cause avec le nuage,
Et s'enivre en chantant du chemin de la croix;
Et l'Esprit qui le suit dans son pèlerinage
28 Pleure de le voir gai comme un oiseau des bois.

Tous ceux qu'il veut aimer l'observent avec crainte,
Ou bien, s'enhardissant de sa tranquillité,
Cherchent à qui saura lui tirer une plainte,
32 Et font sur lui l'essai de leur férocité.

Dans le pain et le vin destinés à sa bouche
Ils mêlent de la cendre avec d'impurs crachats;
Avec hypocrisie ils jettent ce qu'il touche,
36 Et s'accusent d'avoir mis leurs pieds dans ses pas.

Sa femme va criant sur les places publiques:
« Puisqu'il me trouve assez belle pour m'adorer,
Je ferai le métier des idoles antiques,
40 Et comme elles je veux me faire redorer;

« Et je me soûlerai de nard[1], d'encens, de myrrhe,
De génuflexions, de viandes et de vins,
Pour savoir si je puis dans un cœur qui m'admire
44 Usurper en riant les hommages divins!

« Et, quand je m'ennuierai de ces farces impies,
Je poserai sur lui ma frêle et forte main;
Et mes ongles, pareils aux ongles des harpies[2],
48 Sauront jusqu'à son cœur se frayer un chemin.

« Comme un tout jeune oiseau qui tremble et qui palpite,
J'arracherai ce cœur tout rouge de son sein,
Et, pour rassasier ma bête favorite,
52 Je le lui jetterai par terre avec dédain! »

---

1. Plante très appréciée des Anciens.
2. Monstres fabuleux à tête de femme et à corps d'oiseau.

Vers le Ciel, où son œil voit un trône splendide,
Le Poète serein lève ses bras pieux,
Et les vastes éclairs de son esprit lucide
56 Lui dérobent l'aspect des peuples furieux:

– « Soyez béni, mon Dieu, qui donnez la souffrance
Comme un divin remède à nos impuretés
Et comme la meilleure et la plus pure essence
60 Qui prépare les forts aux saintes voluptés!

« Je sais que vous gardez une place au Poète
Dans les rangs bienheureux des saintes Légions,
Et que vous l'invitez à l'éternelle fête
64 Des Trônes, des Vertus, des Dominations.

« Je sais que la douleur est la noblesse unique
Où ne mordront jamais la terre et les enfers,
Et qu'il faut pour tresser ma couronne mystique
68 Imposer tous les temps et tous les univers.

« Mais les bijoux perdus de l'antique Palmyre[1],
Les métaux inconnus, les perles de la mer,
Par votre main montés, ne pourraient pas suffire
72 À ce beau diadème éblouissant et clair;

« Car il ne sera fait que de pure lumière,
Puisée au foyer saint des rayons primitifs,
Et dont les yeux mortels, dans leur splendeur entière,
76 Ne sont que des miroirs obscurcis et plaintifs! »

---

1. Ancienne puissance du désert de Syrie brisée par Rome.

II – LE SOLEIL

Le long du vieux faubourg, où pendent aux masures[1]
Les persiennes, abri des sécrètes luxures,
Quand le soleil cruel frappe à traits redoublés
Sur la ville et les champs, sur les toits et les blés,
5 Je vais m'exercer seul à ma fantasque escrime,
Flairant dans tous les coins les hasards de la rime,
Trébuchant sur les mots comme sur les pavés,
Heurtant parfois des vers depuis longtemps rêvés.

Ce père nourricier, ennemi des chloroses[2],
10 Éveille dans les champs les vers comme les roses;
Il fait s'évaporer les soucis vers le ciel,
Et remplit les cerveaux et les ruches le miel.
C'est lui qui rajeunit les porteurs de béquilles
Et les rend gais et doux comme des jeunes filles,
15 Et commande aux moissons de croître et de mûrir
Dans le cœur immortel qui toujours veut fleurir !

Quand, ainsi qu'un poète, il descend dans les villes,
Il ennoblit le sort des choses les plus viles,
Et s'introduit en roi, sans bruit et sans valets,
20 Dans tous les hôpitaux et dans tous les palais.

III – ÉLÉVATION

Au-dessus des étangs, au-dessus des vallées,
Des montagnes, des bois, des nuages, des mers,
Par-delà le soleil, par-delà les éthers,
4 Par-delà les confins des sphères étoilées,

---

1. Maisons délabrées.
2. Décolorations des plantes.

Mon esprit, tu te meus avec agilité,
Et, comme un bon nageur qui se pâme dans l'onde,
Tu sillonnes gaiement l'immensité profonde
8 Avec une indicible et mâle volupté.

Envole-toi bien loin de ces miasmes[1] morbides ;
Va te purifier dans l'air supérieur,
Et bois, comme une pure et divine liqueur,
12 Le feu clair qui remplit les espaces limpides.

Derrière les ennuis et les vastes chagrins
Qui chargent de leur poids l'existence brumeuse,
Heureux celui qui peut d'une aile vigoureuse
16 S'élancer vers les champs lumineux et sereins ;

Celui dont les pensers[2], comme des alouettes,
Vers les cieux le matin prennent un libre essor,
– Qui plane sur la vie, et comprend sans effort
20 Le langage des fleurs et des choses muettes !

IV – CORRESPONDANCES

La Nature est un temple où de vivants piliers
Laissent parfois sortir de confuses paroles ;
L'homme y passe à travers des forêts de symboles
4 Qui l'observent avec des regards familiers.

Comme de longs échos qui de loin se confondent
Dans une ténébreuse et profonde unité,
Vaste comme la nuit et comme la clarté,
8 Les parfums, les couleurs et les sons se répondent.

---

1. Odeurs de décomposition.
2. Ancienne orthographe de *pensées*.

Il est des parfums frais comme des chairs d'enfants,
Doux comme les hautbois, verts comme les prairies
11 — Et d'autres, corrompus, riches et triomphants,

Ayant l'expansion des choses infinies,
Comme l'ambre[1], le musc[2], le benjoin[3] et l'encens,
14 Qui chantent les transports de l'esprit et des sens.

V

J'aime le souvenir de ces époques nues,
Dont Phœbus[4] se plaisait à dorer les statues.
Alors l'homme et la femme en leur agilité
Jouissaient sans mensonge et sans anxiété,
5 Et, le ciel amoureux leur caressant l'échine,
Exerçaient la santé de leur noble machine.

Cybèle[5] alors, fertile en produits généreux,
Ne trouvait point ses fils un poids trop onéreux,
Mais, louve au cœur gonflé de tendresses communes,
10 Abreuvait l'univers à ses tétines brunes.
L'homme, élégant, robuste et fort, avait le droit
D'être fier des beautés qui le nommaient leur roi ;
Fruits purs de tout outrage et vierges de gerçures,
Dont la chair lisse et ferme appelait les morsures !
15 Le Poëte aujourd'hui, quand il veut concevoir
Ces natives grandeurs, aux lieux où se font voir
La nudité de l'homme et celle de la femme,
Sent un froid ténébreux envelopper son âme
Devant ce noir tableau plein d'épouvantement.
20 Ô monstruosités pleurant leur vêtement !

---

1. Substance parfumée.
2. Substance forte provenant de glandes animales.
3. Substance parfumée provenant d'un arbre.
4. Surnom d'Apollon, dieu de la lumière.
5. Déesse personnifiant la force reproductrice de la nature.

Ô ridicules troncs! torses dignes des masques!
Ô pauvres corps tordus, maigres, ventrus ou flasques,
Que le dieu de l'Utile, implacable et serein,
Enfants, emmaillota dans ses langes d'airain[1]!
25 Et vous, femmes, hélas! pâles comme des cierges,
Que ronge et que nourrit la débauche, et vous, vierges,
Du vice maternel traînant l'hérédité
Et toutes les hideurs de la fécondité!

Nous avons, il est vrai, nations corrompues,
30 Aux peuples anciens des beautés inconnues:
Des visages rongés par les chancres[2] du cœur,
Et comme qui dirait des beautés de langueur;
Mais ces inventions de nos muses tardives
N'empêcheront jamais les races maladives
35 De rendre à la jeunesse un hommage profond,
– À la sainte jeunesse, à l'air simple, au doux front,
À l'œil limpide et clair ainsi qu'une eau courante,
Et qui va répandant sur tout, insouciante
Comme l'azur du ciel, les oiseaux et les fleurs,
40 Ses parfums, ses chansons et ses douces chaleurs!

VI – LES PHARES[3]

Rubens, fleuve d'oubli, jardin de la paresse,
Oreiller de chair fraîche où l'on ne peut aimer,
Mais où la vie afflue et s'agite sans cesse,
4 Comme l'air dans le ciel et la mer dans la mer;

Léonard de Vinci, miroir profond et sombre,
Où des anges charmants, avec un doux souris[4]
Tout chargé de mystère, apparaissent à l'ombre
8 Des glaciers et des pins qui ferment leur pays;

---

1. De bronze.
2. Ulcères.
3. Baudelaire évoque ici de grands artistes.
4. Ancienne façon de désigner le mot *sourire*.

Rembrandt, triste hôpital tout rempli de murmures,
Et d'un grand crucifix décoré seulement,
Où la prière en pleurs s'exhale des ordures,
12 Et d'un rayon d'hiver traversé brusquement;

Michel-Ange, lieu vague où l'on voit des Hercules
Se mêler à des Christs, et se lever tout droits
Des fantômes puissants qui dans les crépuscules
16 Déchirent leur suaire en étirant leurs doigts;

Colères de boxeur, impudences de faune,
Toi qui sus ramasser la beauté des goujats[1],
Grand cœur gonflé d'orgueil, homme débile[2] et jaune,
20 Puget, mélancolique empereur des forçats;

Watteau, ce carnaval où bien des cœurs illustres,
Comme des papillons, errent en flamboyant,
Décors frais et légers éclairés par des lustres
24 Qui versent la folie à ce bal tournoyant;

Goya, cauchemar plein de choses inconnues,
De fœtus qu'on fait cuire au milieu des sabbats,
De vieilles au miroir et d'enfants toutes nues,
28 Pour tenter les démons ajustant bien leurs bas;

Delacroix, lac de sang hanté des mauvais anges,
Ombragé par un bois de sapins toujours vert,
Où, sous un ciel chagrin, des fanfares étranges
32 Passent, comme un soupir étouffé de Weber;

Ces malédictions, ces blasphèmes, ces plaintes,
Ces extases, ces cris, ces pleurs, ces *Te Deum*[3],
Sont un écho redit par mille labyrinthes;
36 C'est pour les cœurs mortels un divin opium!

---

1. Hommes rustres, sans savoir-vivre.
2. Faible.
3. Chant d'action de grâces.

C'est un cri répété par mille sentinelles,
Un ordre renvoyé par mille porte-voix ;
C'est un phare allumé sur mille citadelles,
40 Un appel de chasseurs perdus dans les grands bois !

Car c'est vraiment, Seigneur, le meilleur témoignage
Que nous puissions donner de notre dignité
Que cet ardent sanglot qui roule d'âge en âge
44 Et vient mourir au bord de votre éternité !

VII – LA MUSE MALADE

Ma pauvre muse, hélas ! qu'as-tu donc ce matin ?
Tes yeux creux sont peuplés de visions nocturnes,
Et je vois tour à tour réfléchies sur ton teint
4 La folie et l'horreur, froides et taciturnes.

Le succube[1] verdâtre et le rose lutin
T'ont-ils versé la peur et l'amour de leurs urnes ?
Le cauchemar, d'un poing despotique et mutin,
8 T'a-t-il noyée au fond d'un fabuleux Minturnes[2] ?

Je voudrais qu'exhalant l'odeur de la santé
Ton sein de pensers[3] forts fût toujours fréquenté,
11 Et que ton sang chrétien coulât à flots rythmiques,

Comme les sons nombreux des syllabes antiques,
Où règnent tour à tour le père des chansons,
14 Phœbus[4], et le grand Pan, le seigneur des moissons.

---

1. Démon femelle.
2. Ville d'Italie où il y avait des marécages.
3. Ancienne orthographe de *pensées*.
4. Surnom d'Apollon, dieu de la lumière.

VIII – LA MUSE VÉNALE

Ô muse de mon cœur, amante des palais,
Auras-tu, quand Janvier lâchera ses Borées[1],
Durant les noirs ennuis des neigeuses soirées,
4 Un tison pour chauffer tes deux pieds violets?

Ranimeras-tu donc tes épaules marbrées
Aux nocturnes rayons qui percent les volets?
Sentant ta bourse à sec autant que ton palais,
8 Récolteras-tu l'or des voûtes azurées?

Il te faut, pour gagner ton pain de chaque soir,
Comme un enfant de chœur, jouer de l'encensoir,
11 Chanter des *Te Deum*[2] auxquels tu ne crois guère,

Ou, saltimbanque à jeun, étaler tes appas[3]
Et ton rire trempé de pleurs qu'on ne voit pas,
14 Pour faire épanouir la rate du vulgaire.

IX – LE MAUVAIS MOINE

Les cloîtres anciens sur leurs grandes murailles
Étalaient en tableaux la sainte Vérité,
Dont l'effet, réchauffant les pieuses entrailles,
4 Tempérait la froideur de leur austérité.

En ces temps où du Christ florissaient les semailles,
Plus d'un illustre moine, aujourd'hui peu cité,
Prenant pour atelier le champ des funérailles,
8 Glorifiait la Mort avec simplicité.

---

1. De *Borée*, le dieu grec du vent du nord.
2. Chant d'action de grâces.
3. Ancienne orthographe de *appâts* (attraits, charmes).

– Mon âme est un tombeau que, mauvais cénobite[1],
Depuis l'éternité je parcours et j'habite ;
11 Rien n'embellit les murs de ce cloître odieux.

Ô moine fainéant ! quand saurai-je donc faire
Du spectacle vivant de ma triste misère
14 Le travail de mes mains et l'amour de mes yeux ?

X – L'ENNEMI

Ma jeunesse ne fut qu'un ténébreux orage,
Traversé çà et là par de brillants soleils ;
Le tonnerre et la pluie ont fait un tel ravage,
4 Qu'il reste en mon jardin bien peu de fruits vermeils.

Voilà que j'ai touché l'automne des idées,
Et qu'il faut employer la pelle et les râteaux
Pour rassembler à neuf les terres inondées,
8 Où l'eau creuse des trous grands comme des tombeaux.

Et qui sait si les fleurs nouvelles que je rêve
Trouveront dans ce sol lavé comme une grève
11 Le mystique aliment qui ferait leur vigueur ?

– Ô douleur ! ô douleur ! Le Temps mange la vie,
Et l'obscur Ennemi qui nous ronge le cœur
14 Du sang que nous perdons croît et se fortifie !

XI – LE GUIGNON[2]

Pour soulever un poids si lourd,
Sisyphe[3], il faudrait ton courage !
Bien qu'on ait du cœur à l'ouvrage,
4 L'Art est long et le Temps est court.

---

1. Religieux qui vivait jadis en communauté.

2. Malchance persistante.

3. Personnage mythique condamné à rouler éternellement un rocher.

Loin des sépultures célèbres,
Vers un cimetière isolé,
Mon cœur, comme un tambour voilé,
8 Va battant des marches funèbres.

– Maint joyau dort enseveli
Dans les ténèbres et l'oubli,
11 Bien loin des pioches et des sondes ;

Mainte fleur épanche à regret
Son parfum doux comme un secret
14 Dans les solitudes profondes.

XII – LA VIE ANTÉRIEURE

J'ai longtemps habité sous de vastes portiques
Que les soleils marins teignaient de mille feux,
Et que leurs grands piliers, droits et majestueux,
4 Rendaient pareils, le soir, aux grottes basaltiques[1].

Les houles, en roulant les images des cieux,
Mêlaient d'une façon solennelle et mystique
Les tout-puissants accords de leur riche musique
8 Aux couleurs du couchant reflété par mes yeux.

C'est là que j'ai vécu dans les voluptés calmes,
Au milieu de l'azur, des vagues, des splendeurs
11 Et des esclaves nus, tout imprégnés d'odeurs,

Qui me rafraîchissaient le front avec des palmes,
Et dont l'unique soin était d'approfondir
14 Le secret douloureux qui me faisait languir.

---

1. Faites de basalte, une roche éruptive.

XIII – BOHÉMIENS EN VOYAGE

La tribu prophétique aux prunelles ardentes
Hier s'est mise en route, emportant ses petits
Sur son dos, ou livrant à leurs fiers appétits
4 Le trésor toujours prêt des mamelles pendantes.

Les hommes vont à pied sous leurs armes luisantes
Le long des chariots où les leurs sont blottis,
Promenant sur le ciel des yeux appesantis
8 Par le morne regret des chimères absentes.

Du fond de son réduit sablonneux, le grillon,
Les regardant passer, redouble sa chanson;
11 Cybèle[1], qui les aime, augmente ses verdures,

Fait couler le rocher et fleurir le désert
Devant ces voyageurs, pour lesquels est ouvert
14 L'empire familier des ténèbres futures.

XIV – L'HOMME ET LA MER

Homme libre, toujours tu chériras la mer !
La mer est ton miroir; tu contemples ton âme
Dans le déroulement infini de sa lame[2],
4 Et ton esprit n'est pas un gouffre moins amer.

Tu te plais à plonger au sein de ton image;
Tu l'embrasses des yeux et des bras, et ton cœur
Se distrait quelquefois de sa propre rumeur
8 Au bruit de cette plainte indomptable et sauvage.

---

1. Déesse personnifiant la force reproductrice de la nature.
2. Vague.

Vous êtes tous les deux ténébreux et discrets :
Homme, nul n'a sondé le fond de tes abîmes ;
Ô mer, nul ne connaît tes richesses intimes,
12 Tant vous êtes jaloux de garder vos secrets !

Et cependant voilà des siècles innombrables
Que vous vous combattez sans pitié ni remords,
Tellement vous aimez le carnage et la mort,
16 Ô lutteurs éternels, ô frères implacables !

XV – DON JUAN AUX ENFERS[1]

Quand Don Juan descendit vers l'onde souterraine[2]
Et lorsqu'il eut donné son obole[3] à Charon,
Un sombre mendiant, l'œil fier comme Antisthène[4],
4 D'un bras vengeur et fort saisit chaque aviron.

Montrant leurs seins pendants et leurs robes ouvertes,
Des femmes se tordaient sous le noir firmament,
Et, comme un grand troupeau de victimes offertes,
8 Derrière lui traînaient un long mugissement.

Sganarelle[5] en riant lui réclamait ses gages,
Tandis que Don Luis[6] avec un doigt tremblant
Montrait à tous les morts errant sur les rivages
12 Le fils audacieux qui railla son front blanc.

---

1. À partir de la pièce *Don Juan*.
2. À la fin de la pièce, Don Juan sombre dans les abîmes de la Terre.
3. Très petite somme d'argent.
4. Philosophe grec.
5. Serviteur de Don Juan.
6. Père de Don Juan.

Frissonnant sous son deuil, la chaste et maigre Elvire[1],
Près de l'époux perfide et qui fut son amant,
Semblait lui réclamer un suprême sourire
16 Où brillât la douceur de son premier serment.

Tout droit dans son armure, un grand homme de pierre
Se tenait à la barre et coupait le flot noir ;
Mais le calme héros, courbé sur sa rapière[2],
20 Regardait le sillage et ne daignait rien voir.

XVI – CHÂTIMENT DE L'ORGUEIL

En ces temps merveilleux où la Théologie
Fleurit avec le plus de sève et d'énergie,
On raconte qu'un jour un docteur des plus grands,
– Après avoir forcé les cœurs indifférents ;
5 Les avoir remués dans leurs profondeurs noires ;
Après avoir franchi vers les célestes gloires
Des chemins singuliers à lui-même inconnus,
Où les purs Esprits seuls peut-être étaient venus,
– Comme un homme monté trop haut, pris de panique,
10 S'écria, transporté d'un orgueil satanique :
« Jésus, petit Jésus ! je t'ai poussé bien haut !
Mais, si j'avais voulu t'attaquer au défaut
De l'armure, ta honte égalerait ta gloire,
Et tu ne serais plus qu'un fœtus dérisoire ! »

15 Immédiatement sa raison s'en alla.
L'éclat de ce soleil d'un crêpe[3] se voila ;
Tout le chaos roula dans cette intelligence,
Temple autrefois vivant, plein d'ordre et d'opulence,

---

1. Femme de Don Juan.
2. Épée longue et effilée.
3. Tissu noir, quelquefois signe de deuil.

Sous les plafonds duquel tant de pompe[1] avait lui.
20 Le silence et la nuit s'installèrent en lui,
Comme dans un caveau dont la clef est perdue.
Dès lors il fut semblable aux bêtes de la rue,
Et, quand il s'en allait sans rien voir, à travers
Les champs, sans distinguer les étés des hivers,
25 Sale, inutile et laid comme une chose usée,
Il faisait des enfants la joie et la risée.

XVII – LA BEAUTÉ

Je suis belle, ô mortels! comme un rêve de pierre,
Et mon sein, où chacun s'est meurtri tour à tour,
Est fait pour inspirer au poète un amour
4 Éternel et muet ainsi que la matière.

Je trône dans l'azur comme un sphinx[2] incompris;
J'unis un cœur de neige à la blancheur des cygnes;
Je hais le mouvement qui déplace les lignes,
8 Et jamais je ne pleure et jamais je ne ris.

Les poètes, devant mes grandes attitudes,
Que j'ai l'air d'emprunter aux plus fiers monuments,
11 Consumeront leurs jours en d'austères études;

Car j'ai, pour fasciner ces dociles amants,
De purs miroirs qui font toutes choses plus belles:
14 Mes yeux, mes larges yeux aux clartés éternelles!

---

1. Faste, éclat.
2. Monstre fabuleux qui proposait aux voyageurs une énigme.

XVIII – L'IDÉAL

Ce ne seront jamais ces beautés de vignettes[1],
Produits avariés, nés d'un siècle vaurien,
Ces pieds à brodequins[2], ces doigts à castagnettes,
4 Qui sauront satisfaire un cœur comme le mien.

Je laisse à Gavarni[3], poète des chloroses[4],
Son troupeau gazouillant de beautés d'hôpital,
Car je ne puis trouver parmi ces pâles roses
8 Une fleur qui ressemble à mon rouge idéal.

Ce qu'il faut à ce cœur profond comme un abîme,
C'est vous, Lady Macbeth[5], âme puissante au crime,
11 Rêve d'Eschyle[6] éclos au climat des autans[7];

Ou bien toi, grande Nuit, fille de Michel-Ange,
Qui tors paisiblement dans une pose étrange
14 Tes appas[8] façonnés aux bouches des Titans[9]!

XIX – LA GÉANTE

Du temps que la Nature en sa verve puissante
Concevait chaque jour des enfants monstrueux,
J'eusse aimé vivre auprès d'une jeune géante,
4 Comme aux pieds d'une reine un chat voluptueux.

---

1. Beautés stéréotypées.
2. Chaussures recouvrant le bas des jambes.
3. Paul Gavarni (1804-1866): artiste français.
4. Anémiques.
5. Personnage de *Macbeth* ayant fait verser le sang d'un innocent.
6. Dramaturge de la Grèce antique.
7. Vents orageux du Midi de la France.
8. Ancienne orthographe de *appâts* (attraits, charmes).
9. Dieux grecs s'étant unis à leurs sœurs.

J'eusse aimé voir son corps fleurir avec son âme
Et grandir librement dans ses terribles jeux ;
Deviner si son cœur couve une sombre flamme
8 Aux humides brouillards qui nagent dans ses yeux ;

Parcourir à loisir ses magnifiques formes ;
Ramper sur le versant de ses genoux énormes,
11 Et parfois en été, quand les soleils malsains,

Lasse, la font s'étendre à travers la campagne,
Dormir nonchalamment à l'ombre de ses seins,
14 Comme un hameau paisible au pied d'une montagne.

XX – LES BIJOUX

La très chère était nue, et, connaissant mon cœur,
Elle n'avait gardé que ses bijoux sonores,
Dont le riche attirail lui donnait l'air vainqueur
4 Qu'ont dans leurs jours heureux les esclaves des Maures[1].

Quand il jette en dansant son bruit vif et moqueur,
Ce monde rayonnant de métal et de pierre
Me ravit en extase, et j'aime à la fureur
8 Les choses où le son se mêle à la lumière.

Elle était donc couchée et se laissait aimer,
Et du haut du divan elle souriait d'aise
À mon amour profond et doux comme la mer,
12 Qui vers elle montait comme vers sa falaise.

Les yeux fixés sur moi, comme un tigre dompté,
D'un air vague et rêveur elle essayait des poses,
Et la candeur unie à la lubricité[2]
16 Donnait un charme neuf à ses métamorphoses ;

---

1. Peuples sahariens et métissés.
2. Penchant effréné pour la luxure et la sensualité brutale.

Et son bras et sa jambe, et sa cuisse et ses reins,
Polis comme de l'huile, onduleux comme un cygne,
Passaient devant mes yeux clairvoyants et sereins;
20 Et son ventre et ses seins, ces grappes de ma vigne,

S'avançaient, plus câlins que les Anges du mal,
Pour troubler le repos où mon âme était mise,
Et pour la déranger du rocher de cristal
24 Où, calme et solitaire, elle s'était assise.

Je croyais voir unis par un nouveau dessin
Les hanches de l'Antiope[1] au buste d'un imberbe,
Tant sa taille faisait ressortir son bassin.
28 Sur ce teint fauve et brun, le fard était superbe!

– Et la lampe s'étant résignée à mourir,
Comme le foyer seul illuminait la chambre,
Chaque fois qu'il poussait un flamboyant soupir,
32 Il inondait de sang cette peau couleur d'ambre!

XXI – PARFUM EXOTIQUE

Quand, les deux yeux fermés, en un soir chaud d'automne,
Je respire l'odeur de ton sein chaleureux,
Je vois se dérouler des rivages heureux
4 Qu'éblouissent les feux d'un soleil monotone;

Une île paresseuse où la nature donne
Des arbres singuliers et des fruits savoureux;
Des hommes dont le corps est mince et vigoureux,
8 Et des femmes dont l'œil par sa franchise étonne.

Guidé par ton odeur vers de charmants climats,
Je vois un port rempli de voiles et de mâts
11 Encor tout fatigués par la vague marine,

---

1. Déesse séduite par Zeus.

Pendant que le parfum des verts tamariniers[1],
Qui circule dans l'air et m'enfle la narine,
14 Se mêle dans mon âme au chant des mariniers.

XXII

Je t'adore à l'égal de la voûte nocturne,
Ô vase de tristesse, ô grande taciturne,
Et t'aime d'autant plus, belle, que tu me fuis,
Et que tu me parais, ornement de mes nuits,
5 Plus ironiquement accumuler les lieues
Qui séparent mes bras des immensités bleues.

Je m'avance à l'attaque, et je grimpe aux assauts,
Comme après un cadavre un chœur de vermisseaux,
Et je chéris, ô bête implacable et cruelle !
10 Jusqu'à cette froideur par où tu m'es plus belle !

XXIII

Tu mettrais l'univers entier dans ta ruelle,
Femme impure ! L'ennui rend ton âme cruelle.
Pour exercer tes dents à ce jeu singulier,
Il te faut chaque jour un cœur au râtelier[2].
5 Tes yeux, illuminés ainsi que des boutiques
Et des ifs flamboyants dans les fêtes publiques,
Usent insolemment d'un pouvoir emprunté,
Sans connaître jamais la loi de leur beauté.

---

1. Grands arbres exotiques.
2. Sorte de contenant servant à nourrir le bétail.

Machine aveugle et sourde, en cruautés féconde !
10 Salutaire instrument, buveur du sang du monde,
Comment n'as-tu pas honte et comment n'as-tu pas
Devant tous les miroirs vu pâlir tes appas[1] ?
La grandeur de ce mal où tu te crois savante
Ne t'a donc jamais fait reculer d'épouvante,
15 Quand la nature, grande en ses desseins cachés,
De toi se sert, ô femme, ô reine des péchés,
– De toi, vil animal, – pour pétrir un génie ?

Ô fangeuse[2] grandeur ! sublime ignominie !

XXIV – SED NON SATIATA[3]

Bizarre déité[4], brune comme les nuits,
Au parfum mélangé de musc[5] et de havane,
Œuvre de quelque obi[6], le Faust de la savane,
4 Sorcière au flanc d'ébène, enfant des noirs minuits,

Je préfère au constance[7], à l'opium, au nuits[8],
L'élixir de ta bouche où l'amour se pavane ;
Quand vers toi mes désirs partent en caravane,
8 Tes yeux sont la citerne où boivent mes ennuis.

Par ces deux grands yeux noirs, soupiraux de ton âme,
Ô démon sans pitié ! verse-moi moins de flamme ;
11 Je ne suis pas le Styx[9] pour t'embrasser neuf fois,

---

1. Ancienne orthographe de *appâts* (attraits, charmes).

2. Sale.

3. Expression latine signifiant « Mais elle n'est pas rassasiée ».

4. Divinité mythique.

5. Substance forte provenant de glandes animales.

6. Sorcier.

7. Sorte de vin.

8. Sorte de vin.

9. Fleuve des enfers.

Hélas ! et je ne puis, Mégère[1] libertine,
Pour briser ton courage et te mettre aux abois,
14 Dans l'enfer de ton lit devenir Proserpine[2] !

XXV

Avec ses vêtements ondoyants et nacrés,
Même quand elle marche on croirait qu'elle danse,
Comme ces longs serpents que les jongleurs sacrés
4 Au bout de leurs bâtons agitent en cadence.

Comme le sable morne et l'azur des déserts,
Insensibles tous deux à l'humaine souffrance,
Comme les longs réseaux de la houle des mers,
8 Elle se développe avec indifférence.

Ses yeux polis sont faits de minéraux charmants,
Et dans cette nature étrange et symbolique
11 Où l'ange inviolé se mêle au sphinx[3] antique,

Où tout n'est qu'or, acier, lumière et diamants,
Resplendit à jamais, comme un astre inutile,
14 La froide majesté de la femme stérile.

XXVI – LE SERPENT QUI DANSE

Que j'aime voir, chère indolente,
De ton corps si beau,
Comme une étoffe vacillante,
4 Miroiter la peau !

Sur ta chevelure profonde
Aux âcres parfums,
Mer odorante et vagabonde
8 Aux flots bleus et bruns,

---

1. Déesse grecque furieuse.
2. Déesse des enfers pouvant mourir et renaître.
3. Monstre fabuleux qui proposait aux voyageurs une énigme.

Comme un navire qui s'éveille
    Au vent du matin,
Mon âme rêveuse appareille
12   Pour un ciel lointain.

Tes yeux, où rien ne se révèle
    De doux ni d'amer,
Sont deux bijoux froids où se mêle
16   L'or avec le fer.

À te voir marcher en cadence,
    Belle d'abandon,
On dirait un serpent qui danse
20   Au bout d'un bâton.

Sous le fardeau de ta paresse
    Ta tête d'enfant
Se balance avec la mollesse
24   D'un jeune éléphant,

Et ton corps se penche et s'allonge
    Comme un fin vaisseau
Qui roule bord sur bord et plonge
28   Ses vergues dans l'eau.

Comme un flot grossi par la fonte
    Des glaciers grondants,
Quand l'eau de ta bouche remonte
32   Au bord de tes dents,

Je crois boire un vin de Bohême[1],
    Amer et vainqueur,
Un ciel liquide qui parsème
36   D'étoiles mon cœur !

---

1. Région de l'actuelle République tchèque.

XXVII – UNE CHAROGNE

Rappelez-vous l'objet que nous vîmes, mon âme,
      Ce beau matin d'été si doux :
Au détour d'un sentier une charogne infâme
4   Sur un lit semé de cailloux,

Les jambes en l'air, comme une femme lubrique[1],
      Brûlante et suant les poisons,
Ouvrait d'une façon nonchalante et cynique
8   Son ventre plein d'exhalaisons[2].

Le soleil rayonnait sur cette pourriture,
      Comme afin de la cuire à point,
Et de rendre au centuple à la grande Nature
12   Tout ce qu'ensemble elle avait joint ;

Et le ciel regardait la carcasse superbe
      Comme une fleur s'épanouir.
La puanteur était si forte, que sur l'herbe
16   Vous crûtes vous évanouir.

Les mouches bourdonnaient sur ce ventre putride,
      D'où sortaient de noirs bataillons
De larves, qui coulaient comme un épais liquide
20   Le long de ces vivants haillons.

Tout cela descendait, montait comme une vague,
      Ou s'élançait en pétillant ;
On eût dit que le corps, enflé d'un souffle vague,
24   Vivait en se multipliant.

---

1. Qui manifeste un penchant pour la luxure.
2. Ce qui se dégage d'un corps.

Et ce monde rendait une étrange musique,
        Comme l'eau courante et le vent,
Ou le grain qu'un vanneur[1] d'un mouvement rythmique
28   Agite et tourne dans son van[2].

Les formes s'effaçaient et n'étaient plus qu'un rêve,
        Une ébauche lente à venir,
Sur la toile oubliée, et que l'artiste achève
32   Seulement par le souvenir.

Derrière les rochers une chienne inquiète
        Nous regardait d'un œil fâché,
Épiant le moment de reprendre au squelette
36   Le morceau qu'elle avait lâché.

– Et pourtant vous serez semblable à cette ordure,
        À cette horrible infection,
Étoile de mes yeux, soleil de ma nature,
40   Vous, mon ange et ma passion !

Oui ! telle vous serez, ô la reine des grâces,
        Après les derniers sacrements,
Quand vous irez, sous l'herbe et les floraisons grasses,
44   Moisir parmi les ossements.

Alors, ô ma beauté ! dites à la vermine
        Qui vous mangera de baisers,
Que j'ai gardé la forme et l'essence divine
48   De mes amours décomposés !

---

1. Personne qui sépare le grain de la paille.
2. Panier pour séparer le grain de la paille.

XXVIII – DE PROFUNDIS CLAMAVI[1]

J'implore ta pitié, Toi, l'unique que j'aime,
Du fond du gouffre obscur où mon cœur est tombé.
C'est un univers morne à l'horizon plombé,
4 Où nagent dans la nuit l'horreur et le blasphème;

Un soleil sans chaleur plane au-dessus six mois,
Et les six autres mois la nuit couvre la terre;
C'est un pays plus nu que la terre polaire;
8 – Ni bêtes, ni ruisseaux, ni verdure, ni bois!

Or il n'est pas d'horreur au monde qui surpasse
La froide cruauté de ce soleil de glace
11 Et cette immense nuit semblable au vieux Chaos;

Je jalouse le sort des plus vils animaux
Qui peuvent se plonger dans un sommeil stupide,
14 Tant l'écheveau du temps lentement se dévide!

XXIX – LE VAMPIRE

Toi qui, comme un coup de couteau,
Dans mon cœur plaintif es entrée;
Toi qui, forte comme un troupeau
4 De démons, vins, folle et parée,

De mon esprit humilié
Faire ton lit et ton domaine;
– Infâme à qui je suis lié
8 Comme le forçat à la chaîne,

Comme au jeu le joueur têtu,
Comme à la bouteille l'ivrogne,
Comme aux vermines la charogne,
12 – Maudite, maudite sois-tu!

---

1. Expression latine qui signifie: «Des profondeurs, j'ai crié».

J'ai prié le glaive[1] rapide
De conquérir ma liberté,
Et j'ai dit au poison perfide
16 De secourir ma lâcheté.

Hélas! le poison et le glaive
M'ont pris en dédain et m'ont dit:
« Tu n'es pas digne qu'on t'enlève
20 À ton esclavage maudit,

« Imbécile! – de son empire
Si nos efforts te délivraient,
Tes baisers ressusciteraient
24 Le cadavre de ton vampire! »

XXX – LE LÉTHÉ[2]

Viens sur mon cœur, âme cruelle et sourde,
Tigre adoré, monstre aux airs indolents;
Je veux longtemps plonger mes doigts tremblants
4 Dans l'épaisseur de ta crinière lourde;

Dans tes jupons remplis de ton parfum
Ensevelir ma tête endolorie,
Et respirer, comme une fleur flétrie,
8 Le doux relent de mon amour défunt.

Je veux dormir! dormir plutôt que vivre!
Dans un sommeil aussi doux que la mort,
J'étalerai mes baisers sans remords
12 Sur ton beau corps poli comme le cuivre.

---

1. Épée de combat à deux tranchants.
2. Fleuve dont l'eau apportait l'oubli à ceux qui la buvaient.

Pour engloutir mes sanglots apaisés
Rien ne me vaut l'abîme de ta couche ;
L'oubli puissant habite sur ta bouche,
16 Et le Léthé coule dans tes baisers.

À mon destin, désormais mon délice,
J'obéirai comme un prédestiné ;
Martyr docile, innocent condamné,
20 Dont la ferveur attise le supplice,

Je sucerai, pour noyer ma rancœur,
Le népenthès[1] et la bonne ciguë[2]
Aux bouts charmants de cette gorge aiguë
24 Qui n'a jamais emprisonné de cœur.

XXXI

Une nuit que j'étais près d'une affreuse Juive,
Comme au long d'un cadavre un cadavre étendu,
Je me pris à songer près de ce corps vendu
4 À la triste beauté dont mon désir se prive.

Je me représentai sa majesté native,
Son regard de vigueur et de grâces armé,
Ses cheveux qui lui font un casque parfumé,
8 Et dont le souvenir pour l'amour me ravive.

Car j'eusse avec ferveur baisé ton noble corps,
Et depuis tes pieds frais jusqu'à tes noires tresses
11 Déroulé le trésor des profondes caresses,

Si, quelque soir, d'un pleur obtenu sans effort
Tu pouvais seulement, ô reine des cruelles !
14 Obscurcir la splendeur de tes froides prunelles.

---

1. Breuvage magique qui dissipait la tristesse.
2. Poison.

XXXII – REMORDS POSTHUME

Lorsque tu dormiras, ma belle ténébreuse,
Au fond d'un monument[1] construit en marbre noir,
Et lorsque tu n'auras pour alcôve et manoir
4 Qu'un caveau pluvieux et qu'une fosse creuse;

Quand la pierre, opprimant ta poitrine peureuse
Et tes flancs qu'assouplit un charmant nonchaloir[2],
Empêchera ton cœur de battre et de vouloir,
8 Et tes pieds de courir leur course aventureuse,

Le tombeau, confident de mon rêve infini
(Car le tombeau toujours comprendra le poète),
11 Durant ces grandes nuits d'où le somme est banni,

Te dira: « Que vous sert, courtisane imparfaite,
De n'avoir pas connu ce que pleurent les morts? »
14 – Et le ver rongera ta peau comme un remords.

XXXIII – LE CHAT

Viens, mon beau chat, sur mon cœur amoureux;
                Retiens les griffes de ta patte,
Et laisse-moi plonger dans tes beaux yeux,
4   Mêlés de métal et d'agate.

Lorsque mes doigts caressent à loisir
                Ta tête et ton dos élastique,
Et que ma main s'enivre du plaisir
8   De palper ton corps électrique,

---

1. Tombeau.
2. Nonchalance.

Je vois ma femme en esprit. Son regard,
          Comme le tien, aimable bête,
11 Profond et froid, coupe et fend comme un dard,

     Et, des pieds jusques à la tête,
          Un air subtil, un dangereux parfum
14 Nagent autour de son corps brun.

XXXIV – LE BALCON

Mère des souvenirs, maîtresse des maîtresses,
Ô toi, tous mes plaisirs ! ô toi, tous mes devoirs !
Tu te rappelleras la beauté des caresses,
La douceur du foyer et le charme des soirs,
5 Mère des souvenirs, maîtresse des maîtresses !

Les soirs illuminés par l'ardeur du charbon,
Et les soirs au balcon, voilés de vapeurs roses.
Que ton sein m'était doux ! que ton cœur m'était bon !
Nous avons dit souvent d'impérissables choses
10 Les soirs illuminés par l'ardeur du charbon.

Que les soleils sont beaux dans les chaudes soirées !
Que l'espace est profond ! que le cœur est puissant !
En me penchant vers toi, reine des adorées,
Je croyais respirer le parfum de ton sang.
15 Que les soleils sont beaux dans les chaudes soirées !

La nuit s'épaississait ainsi qu'une cloison,
Et mes yeux dans le noir devinaient tes prunelles,
Et je buvais ton souffle, ô douceur ! ô poison !
Et tes pieds s'endormaient dans mes mains fraternelles.
20 La nuit s'épaississait ainsi qu'une cloison.

Je sais l'art d'évoquer les minutes heureuses,
Et revis mon passé blotti dans tes genoux.
Car à quoi bon chercher tes beautés langoureuses
Ailleurs qu'en ton cher corps et qu'en ton cœur si doux ?
25 Je sais l'art d'évoquer les minutes heureuses !

Ces serments, ces parfums, ces baisers infinis,
Renaîtront-ils d'un gouffre interdit à nos sondes,
Comme montent au ciel les soleils rajeunis
Après s'être lavés au fond des mers profondes?
30 – Ô serments! ô parfums! ô baisers infinis!

XXXV

Je te donne ces vers afin que si mon nom
Aborde heureusement aux époques lointaines,
Et fait rêver un soir les cervelles humaines,
4 Vaisseau favorisé par un grand aquilon[1],

Ta mémoire, pareille aux fables incertaines,
Fatigue le lecteur ainsi qu'un tympanon[2],
Et par un fraternel et mystique chaînon
8 Reste comme pendue à mes rimes hautaines;

Être maudit à qui, de l'abîme profond
Jusqu'au plus haut du ciel, rien, hors moi, ne répond!
11 – Ô toi qui, comme une ombre à la trace éphémère,

Foules d'un pied léger et d'un regard serein
Les stupides mortels qui t'ont jugée amère,
14 Statue aux yeux de jais, grand ange au front d'airain[3]!

---

1. Vent du nord, froid et violent.
2. Instrument de musique dont on joue en frappant les cordes avec deux
   maillets.
3. De bronze.

XXXVI – TOUT ENTIÈRE

Le Démon, dans ma chambre haute,
Ce matin est venu me voir,
Et, tâchant à me prendre en faute,
4 Me dit : « Je voudrais bien savoir,

« Parmi toutes les belles choses
Dont est fait son enchantement,
Parmi les objets noirs ou roses
8 Qui composent son corps charmant,

« Quel est le plus doux. » – Ô mon âme !
Tu répondis à l'Abhorré[1] :
« Puisqu'en Elle tout est dictame[2],
12 Rien ne peut être préféré.

« Lorsque tout me ravit, j'ignore
Si quelque chose me séduit.
Elle éblouit comme l'Aurore
16 Et console comme la Nuit ;

« Et l'harmonie est trop exquise,
Qui gouverne tout son beau corps,
Pour que l'impuissante analyse
20 En note les nombreux accords.

« Ô métamorphose mystique
De tous mes sens fondus en un !
Son haleine fait la musique,
24 Comme sa voix fait le parfum ! »

---

1. Littéralement : *Celui qu'on a en horreur.*
2. Adoucissement, baume.

XXXVII

Que diras-tu ce soir, pauvre âme solitaire,
Que diras-tu, mon cœur, cœur autrefois flétri,
À la très belle, à la très bonne, à la très chère,
4 Dont le regard divin t'a soudain refleuri?

– Nous mettrons notre orgueil à chanter ses louanges:
Rien ne vaut la douceur de son autorité;
Sa chair spirituelle a le parfum des Anges,
8 Et son œil nous revêt d'un habit de clarté.

Que ce soit dans la nuit et dans la solitude,
Que ce soit dans la rue et dans la multitude,
11 Son fantôme dans l'air danse comme un flambeau.

Parfois il parle et dit: «Je suis belle, et j'ordonne
Que pour l'amour de moi vous n'aimiez que le Beau;
14 Je suis l'Ange gardien, la Muse et la Madone.»

XXXVIII – LE FLAMBEAU VIVANT

Ils marchent devant moi, ces Yeux pleins de lumières,
Qu'un Ange très savant a sans doute aimantés;
Ils marchent, ces divins frères qui sont mes frères,
4 Secouant dans mes yeux leurs feux diamantés.

Me sauvant de tout piège et de tout péché grave,
Ils conduisent mes pas dans la route du Beau;
Ils sont mes serviteurs et je suis leur esclave;
8 Tout mon être obéit à ce vivant flambeau.

Charmants Yeux, vous brillez de la clarté mystique
Qu'ont les cierges brûlant en plein jour; le soleil
11 Rougit, mais n'éteint pas leur flamme fantastique;

Ils célèbrent la Mort, vous chantez le Réveil;
Vous marchez en chantant le réveil de mon âme,
14 Astres dont nul soleil ne peut flétrir la flamme!

XXXIX – À CELLE QUI EST TROP GAIE

Ta tête, ton geste, ton air
Sont beaux comme un beau paysage ;
Le rire joue en ton visage
4 Comme un vent frais dans un ciel clair.

Le passant chagrin que tu frôles
Est ébloui par la santé
Qui jaillit comme une clarté
8 De tes bras et de tes épaules.

Les retentissantes couleurs
Dont tu parsèmes tes toilettes
Jettent dans l'esprit des poètes
12 L'image d'un ballet de fleurs.

Ces robes folles sont l'emblème
De ton esprit bariolé ;
Folle dont je suis affolé,
16 Je te hais autant que je t'aime !

Quelquefois dans un beau jardin
Où je traînais mon atonie[1],
J'ai senti, comme une ironie,
20 Le soleil déchirer mon sein ;

Et le printemps et la verdure
Ont tant humilié mon cœur,
Que j'ai puni sur une fleur
24 L'insolence de la Nature.

Ainsi je voudrais, une nuit,
Quand l'heure des voluptés sonne,
Vers les trésors de ta personne,
28 Comme un lâche, ramper sans bruit,

---

1. Manque de vitalité, d'énergie.

> Pour châtier ta chair joyeuse,
> Pour meurtrir ton sein pardonné,
> Et faire à ton flanc étonné
> 32 Une blessure large et creuse,
>
> Et, vertigineuse douceur !
> À travers ces lèvres nouvelles,
> Plus éclatantes et plus belles,
> 36 T'infuser mon venin, ma sœur !

XL – RÉVERSIBILITÉ

Ange plein de gaieté, connaissez-vous l'angoisse,
La honte, les remords, les sanglots, les ennuis,
Et les vagues terreurs de ces affreuses nuits
Qui compriment le cœur comme un papier qu'on froisse ?
5 Ange plein de gaieté, connaissez-vous l'angoisse ?

Ange plein de bonté, connaissez-vous la haine,
Les poings crispés dans l'ombre et les larmes de fiel[1],
Quand la Vengeance bat son infernal rappel,
Et de nos facultés se fait le capitaine ?
10 Ange plein de bonté connaissez-vous la haine ?

Ange plein de santé, connaissez-vous les Fièvres,
Qui, le long des grands murs de l'hospice blafard,
Comme des exilés, s'en vont d'un pied traînard,
Cherchant le soleil rare et remuant les lèvres ?
15 Ange plein de santé, connaissez-vous les Fièvres ?

Ange plein de beauté, connaissez-vous les rides,
Et la peur de vieillir, et ce hideux tourment
De lire la secrète horreur du dévouement
Dans des yeux où longtemps burent nos yeux avides ?
20 Ange plein de beauté, connaissez-vous les rides ?

---

1. Amertume qui s'accompagne de mauvaise humeur.

Ange plein de bonheur, de joie et de lumières,
David mourant aurait demandé la santé
Aux émanations de ton corps enchanté ;
Mais de toi je n'implore, ange, que tes prières,
25 Ange plein de bonheur, de joie et de lumières !

XLI – CONFESSION

Une fois, une seule, aimable et douce femme,
     À mon bras votre bras poli
S'appuya (sur le fond ténébreux de mon âme
4   Ce souvenir n'est point pâli) ;

Il était tard ; ainsi qu'une médaille neuve
     La pleine lune s'étalait,
Et la solennité de la nuit, comme un fleuve,
8   Sur Paris dormant ruisselait.

Et le long des maisons, sous les portes cochères[1],
     Des chats passaient furtivement,
L'oreille au guet, ou bien, comme des ombres chères,
12   Nous accompagnaient lentement.

Tout à coup, au milieu de l'intimité libre
     Éclose à la pâle clarté,
De vous, riche et sonore instrument où ne vibre
16   Que la radieuse gaieté,

De vous, claire et joyeuse ainsi qu'une fanfare
     Dans le matin étincelant,
Une note plaintive, une note bizarre
20   S'échappa, tout en chancelant

---

1. Dont les dimensions permettent l'entrée d'une voiture.

Comme une enfant chétive, horrible, sombre, immonde,
            Dont sa famille rougirait,
Et qu'elle aurait longtemps, pour la cacher au monde,
24   Dans un caveau mise au secret.

Pauvre ange, elle chantait, votre note criarde :
            « Que rien ici-bas n'est certain,
Et que toujours, avec quelque soin qu'il se farde,
28   Se trahit l'égoïsme humain ;

« Que c'est un dur métier que d'être belle femme,
            Et que c'est le travail banal
De la danseuse folle et froide qui se pâme
32   Dans son sourire machinal ;

« Que bâtir sur les cœurs est une chose sotte ;
            Que tout craque, amour et beauté,
Jusqu'à ce que l'Oubli les jette dans sa hotte[1]
36   Pour les rendre à l'Éternité ! »

J'ai souvent évoqué cette lune enchantée,
            Ce silence et cette langueur,
Et cette confidence horrible chuchotée
40   Au confessionnal du cœur.

XLII – L'AUBE SPIRITUELLE

Quand chez les débauchés l'aube blanche et vermeille
Entre en société de l'Idéal rongeur,
Par l'opération d'un mystère vengeur
4 Dans la brute assoupie un ange se réveille.

Des Cieux Spirituels l'inaccessible azur,
Pour l'homme terrassé qui rêve encore et souffre,
S'ouvre et s'enfonce avec l'attirance du gouffre.
8 Ainsi, chère Déesse, Être lucide et pur,

---

1. Cuve.

Sur les débris fumeux des stupides orgies
Ton souvenir plus clair, plus rose, plus charmant,
11 À mes yeux agrandis voltige incessamment.

Le soleil a noirci la flamme des bougies ;
Ainsi, toujours vainqueur, ton fantôme est pareil,
14 Âme resplendissante, à l'immortel soleil !

XLIII – HARMONIE DU SOIR

Voici venir les temps où vibrant sur sa tige
Chaque fleur s'évapore ainsi qu'un encensoir ;
Les sons et les parfums tournent dans l'air du soir ;
4 Valse mélancolique et langoureux vertige !

Chaque fleur s'évapore ainsi qu'un encensoir ;
Le violon frémit comme un cœur qu'on afflige ;
Valse mélancolique et langoureux vertige !
8 Le ciel est triste et beau comme un grand reposoir[1].

Le violon frémit comme un cœur qu'on afflige,
Un cœur tendre, qui hait le néant vaste et noir !
Le ciel est triste et beau comme un grand reposoir ;
12 Le soleil s'est noyé dans son sang qui se fige.

Un cœur tendre, qui hait le néant vaste et noir,
Du passé lumineux recueille tout vestige !
Le soleil s'est noyé dans son sang qui se fige…
16 Ton souvenir en moi luit comme un ostensoir !

---

1. Support en forme d'autel servant aux processions religieuses.

XLIV – LE FLACON

Il est de forts parfums pour qui toute matière
Est poreuse. On dirait qu'ils pénètrent le verre.
En ouvrant un coffret venu de l'Orient
4 Dont la serrure grince et rechigne en criant,

Ou dans une maison déserte quelque armoire
Pleine de l'âcre odeur des temps, poudreuse[1] et noire,
Parfois on trouve un vieux flacon qui se souvient,
8 D'où jaillit toute vive une âme qui revient.

Mille pensers[2] dormaient, chrysalides[3] funèbres,
Frémissant doucement dans les lourdes ténèbres,
Qui dégagent leur aile et prennent leur essor,
12 Teintés d'azur, glacés de rose, lamés d'or.

Voilà le souvenir enivrant qui voltige
Dans l'air troublé ; les yeux se ferment ; le Vertige
Saisit l'âme vaincue et la pousse à deux mains
16 Vers un gouffre obscurci de miasmes[4] humains ;

Il la terrasse au bord d'un gouffre séculaire,
Où, Lazare[5] odorant déchirant son suaire,
Se meut dans son réveil le cadavre spectral
20 D'un vieil amour ranci, charmant et sépulcral.

Ainsi, quand je serai perdu dans la mémoire
Des hommes, dans le coin d'une sinistre armoire
Quand on m'aura jeté, vieux flacon désolé,
24 Décrépit, poudreux, sale, abject, visqueux, fêlé,

---

1. Poussiéreuse.
2. Ancienne orthographe de *pensées.*
3. Enveloppes des insectes à l'état de chenilles.
4. Odeurs de décomposition.
5. Ami de Jésus décédé, puis ressuscité par ce dernier.

Je serai ton cercueil, aimable pestilence !
Le témoin de ta force et de ta virulence,
Cher poison préparé par les anges ! liqueur
28 Qui me ronge, ô la vie et la mort de mon cœur !

XLV – LE POISON

Le vin sait revêtir le plus sordide bouge[1]
　　　　D'un luxe miraculeux,
Et fait surgir plus d'un portique fabuleux
　　　　Dans l'or de sa vapeur rouge,
5 Comme un soleil couchant dans un ciel nébuleux.

L'opium agrandit ce qui n'a pas de bornes,
　　　　Allonge l'illimité,
Approfondit le temps, creuse la volupté,
　　　　Et de plaisirs noirs et mornes
10 Remplit l'âme au delà de sa capacité.

Tout cela ne vaut pas le poison qui découle
　　　　De tes yeux, de tes yeux verts,
Lacs où mon âme tremble et se voit à l'envers…
　　　　Mes songes viennent en foule
15 Pour se désaltérer à ces gouffres amers.

Tout cela ne vaut pas le terrible prodige
　　　　De ta salive qui mord,
Qui plonge dans l'oubli mon âme sans remords,
　　　　Et, charriant le vertige,
20 La roule défaillante aux rives de la mort !

---

1. Cabaret ou café mal famé.

XLVI – CIEL BROUILLÉ

On dirait ton regard d'une vapeur couvert;
Ton œil mystérieux (est-il bleu, gris ou vert?)
Alternativement tendre, rêveur, cruel,
4 Réfléchit l'indolence et la pâleur du ciel.

Tu rappelles ces jours blancs, tièdes et voilés,
Qui font se fondre en pleurs les cœurs ensorcelés,
Quand, agités d'un mal inconnu qui les tord,
8 Les nerfs trop éveillés raillent l'esprit qui dort.

Tu ressembles parfois à ces beaux horizons
Qu'allument les soleils des brumeuses saisons…
Comme tu resplendis, paysage mouillé
12 Qu'enflamment les rayons tombant d'un ciel brouillé!

Ô femme dangereuse, ô séduisants climats!
Adorerai-je aussi ta neige et vos frimas,
Et saurai-je tirer de l'implacable hiver
16 Des plaisirs plus aigus que la glace et le fer?

XLVII – LE CHAT

I

Dans ma cervelle se promène,
Ainsi qu'en son appartement,
Un beau chat, fort, doux et charmant.
4 Quand il miaule, on l'entend à peine,

Tant son timbre est tendre et discret;
Mais que sa voix s'apaise ou gronde,
Elle est toujours riche et profonde.
8 C'est là son charme et son secret.

Cette voix, qui perle et qui filtre,
Dans mon fonds le plus ténébreux,
Me remplit comme un vers nombreux
12 Et me réjouit comme un philtre[1].

Elle endort les plus cruels maux
Et contient toutes les extases;
Pour dire les plus longues phrases,
16 Elle n'a pas besoin de mots.

Non, il n'est pas d'archet qui morde
Sur mon cœur, parfait instrument,
Et fasse plus royalement
20 Chanter sa plus vibrante corde,

Que ta voix, chat mystérieux,
Chat séraphique[2], chat étrange,
En qui tout est, comme en un ange,
24 Aussi subtil qu'harmonieux!

II

De sa fourrure blonde et brune
Sort un parfum si doux, qu'un soir
J'en fus embaumé, pour l'avoir
28 Caressée une fois, rien qu'une.

C'est l'esprit familier du lieu;
Il juge, il préside, il inspire
Toutes choses dans son empire;
32 Peut-être est-il fée, est-il dieu?

Quand mes yeux, vers ce chat que j'aime
Tirés comme par un aimant,
Se retournent docilement
36 Et que je regarde en moi-même,

---

1. Breuvage magique destiné à inspirer l'amour.
2. Qui évoque les séraphins, les anges.

Je vois avec étonnement
Le feu de ses prunelles pâles,
Clairs fanaux, vivantes opales,
40 Qui me contemplent fixement.

XLVIII – LE BEAU NAVIRE

Je veux te raconter, ô molle enchanteresse !
Les diverses beautés qui parent ta jeunesse ;
Je veux te peindre ta beauté,
4 Où l'enfance s'allie à la maturité.

Quand tu vas balayant l'air de ta jupe large,
Tu fais l'effet d'un beau vaisseau qui prend le large,
Chargé de toile, et va roulant
8 Suivant un rythme doux, et paresseux, et lent.

Sur ton cou large et rond, sur tes épaules grasses,
Ta tête se pavane avec d'étranges grâces ;
D'un air placide et triomphant
12 Tu passes ton chemin, majestueuse enfant.

Je veux te raconter, ô molle enchanteresse !
Les diverses beautés qui parent ta jeunesse ;
Je veux te peindre ta beauté,
16 Où l'enfance s'allie à la maturité.

Ta gorge qui s'avance et qui pousse la moire[1],
Ta gorge triomphante est une belle armoire
Dont les panneaux bombés et clairs
20 Comme les boucliers accrochent des éclairs ;

Boucliers provocants, armés de pointes roses !
Armoire à doux secrets, pleine de bonnes choses,
De vins, de parfums, de liqueurs
24 Qui feraient délirer les cerveaux et les cœurs !

---

1. Sorte de tissu.

Quand tu vas balayant l'air de ta jupe large,
Tu fais l'effet d'un beau vaisseau qui prend le large,
Chargé de toile, et va roulant
28 Suivant un rythme doux, et paresseux, et lent.

Tes nobles jambes, sous les volants qu'elles chassent,
Tourmentent les désirs obscurs et les agacent,
Comme deux sorcières qui font
32 Tourner un philtre[1] noir dans un vase profond.

Tes bras, qui se joueraient des précoces hercules[2],
Sont des boas luisants les solides émules[3],
Faits pour serrer obstinément,
36 Comme pour l'imprimer dans ton cœur, ton amant.

Sur ton cou large et rond, sur tes épaules grasses,
Ta tête se pavane avec d'étranges grâces ;
D'un air placide et triomphant
40 Tu passes ton chemin, majestueuse enfant.

XLIX – L'INVITATION AU VOYAGE

Mon enfant, ma sœur,
Songe à la douceur
D'aller là-bas vivre ensemble !
Aimer à loisir,
Aimer et mourir
6 Au pays qui te ressemble !
Les soleils mouillés
De ces ciels brouillés
Pour mon esprit ont les charmes
Si mystérieux
De tes traîtres yeux,
12 Brillant à travers leurs larmes.

1. Breuvage magique destiné à inspirer l'amour.
2. Dans son berceau, Hercule dut combattre deux serpents.
3. Qui sont d'un mérite égal.

Là, tout n'est qu'ordre et beauté,
Luxe, calme et volupté.

Des meubles luisants,
    Polis par les ans,
Décoreraient notre chambre ;
18   Les plus rares fleurs
    Mêlant leurs odeurs
Aux vagues senteurs de l'ambre,
    Les riches plafonds,
    Les miroirs profonds,
La splendeur orientale,
24   Tout y parlerait
    À l'âme en secret
Sa douce langue natale.

Là, tout n'est qu'ordre et beauté,
Luxe, calme et volupté.

    Vois sur ces canaux
30   Dormir ces vaisseaux
Dont l'humeur est vagabonde ;
    C'est pour assouvir
    Ton moindre désir
Qu'ils viennent du bout du monde.
    — Les soleils couchants
36   Revêtent les champs,
Les canaux, la ville entière,
    D'hyacinthe[1] et d'or ;
    Le monde s'endort
Dans une chaude lumière.

Là, tout n'est qu'ordre et beauté,
42 Luxe, calme et volupté.

---

1. Pierre précieuse jaune et rougeâtre.

L – L'IRRÉPARABLE

Pouvons-nous étouffer le vieux, le long Remords,
      Qui vit, s'agite et se tortille,
Et se nourrit de nous comme le ver des morts,
      Comme du chêne la chenille?
5 Pouvons-nous étouffer l'implacable Remords?

Dans quel philtre[1], dans quel vin, dans quelle tisane,
      Noierons-nous ce vieil ennemi,
Destructeur et gourmand comme la courtisane,
      Patient comme la fourmi?
10 Dans quel philtre? – dans quel vin? – dans quelle tisane?

Dis-le, belle sorcière, oh! dis, si tu le sais,
      À cet esprit comblé d'angoisse
Et pareil au mourant qu'écrasent les blessés,
      Que le sabot du cheval froisse,
15 Dis-le, belle sorcière, oh! dis, si tu le sais,

À cet agonisant que le loup déjà flaire
      Et que surveille le corbeau,
À ce soldat brisé! s'il faut qu'il désespère
      D'avoir sa croix et son tombeau;
20 Ce pauvre agonisant que déjà le loup flaire!

Peut-on illuminer un ciel bourbeux et noir?
      Peut-on déchirer des ténèbres
Plus denses que la poix[2], sans matin et sans soir,
      Sans astres, sans éclairs funèbres?
25 Peut-on illuminer un ciel bourbeux et noir?

---

1. Breuvage magique destiné à inspirer l'amour.
2. Matière visqueuse à base de goudron de bois.

L'Espérance qui brille aux carreaux de l'Auberge
      Est soufflée, est morte à jamais!
Sans lune et sans rayons, trouver où l'on héberge
      Les martyrs d'un chemin mauvais!
30 Le Diable a tout éteint aux carreaux de l'Auberge!

Adorable sorcière, aimes-tu les damnés?
      Dis, connais-tu l'irrémissible[1]?
Connais-tu le Remords, aux traits empoisonnés,
      À qui notre cœur sert de cible?
35 Adorable sorcière, aimes-tu les damnés?

L'Irréparable ronge avec sa dent maudite
      Notre âme, piteux monument,
Et souvent il attaque, ainsi que le termite,
      Par la base le bâtiment.
40 L'Irréparable ronge avec sa dent maudite!

– J'ai vu parfois, au fond d'un théâtre banal
      Qu'enflammait l'orchestre sonore,
Une fée allumer dans un ciel infernal
      Une miraculeuse aurore;
45 J'ai vu parfois au fond d'un théâtre banal

Un être, qui n'était que lumière, or et gaze[2],
      Terrasser l'énorme Satan;
Mais mon cœur, que jamais ne visite l'extase,
      Est un théâtre où l'on attend
50 Toujours, toujours en vain, l'Être aux ailes de gaze!

---

1. Ce qui ne mérite point de rémission, de pardon.
2. Tissu très léger.

LI – CAUSERIE

Vous êtes un beau ciel d'automne, clair et rose !
Mais la tristesse en moi monte comme la mer,
Et laisse, en refluant, sur ma lèvre morose
4 Le souvenir cuisant de son limon amer.

   – Ta main se glisse en vain sur mon sein qui se pâme ;
Ce qu'elle cherche, amie, est un lieu saccagé
Par la griffe et la dent féroce de la femme.
8 Ne cherchez plus mon cœur ; les bêtes l'ont mangé.

Mon cœur est un palais flétri par la cohue ;
On s'y soûle, on s'y tue, on s'y prend aux cheveux !
11 – Un parfum nage autour de votre gorge nue !…

Ô Beauté, dur fléau des âmes, tu le veux !
Avec tes yeux de feu, brillants comme des fêtes,
14 Calcine ces lambeaux qu'ont épargnés les bêtes !

LII – L'HÉAUTONTIMOROUMÉNOS[1]

À J. G. F.

Je te frapperai sans colère
Et sans haine, comme un boucher,
Comme Moïse le rocher !
4 Et je ferai de ta paupière,

Pour abreuver mon Sahara,
Jaillir les eaux de la souffrance.
Mon désir gonflé d'espérance
8 Sur tes pleurs salés nagera

---

1. Baudelaire reprend le titre d'une comédie de Térence (163 av. J.-C.) dans laquelle un vieillard s'inflige des travaux pénibles.

Comme un vaisseau qui prend le large,
Et dans mon cœur qu'ils soûleront
Tes chers sanglots retentiront
12 Comme un tambour qui bat la charge!

Ne suis-je pas un faux accord
Dans la divine symphonie,
Grâce à la vorace Ironie
16 Qui me secoue et qui me mord?

Elle est dans ma voix, la criarde!
C'est tout mon sang, ce poison noir!
Je suis le sinistre miroir
20 Où la mégère[1] se regarde.

Je suis la plaie et le couteau!
Je suis le soufflet et la joue!
Je suis les membres et la roue,
24 Et la victime et le bourreau!

Je suis de mon cœur le vampire,
– Un de ces grands abandonnés
Au rire éternel condamnés,
28 Et qui ne peuvent plus sourire!

LIII – FRANCISCÆ MEÆ LAUDES[2]

Novis te cantabo chordis,
O novelletum quod ludis
3 In solitudine cordis.

Esto sertis implicata,
O femina delicata
6 Per quam solvuntur peccata!

---

1. Femme méchante.
2. Latin. Voir la traduction du poème p. 57.

Sicut beneficum Lethe,
Hauriam oscula de te,
9 Quæ imbuta es magnete.

Quum vitiorum tempestas
Turbabat omnes semitas,
12 Apparuisti, Deitas,

Velut stella salutaris
In naufragiis amaris…
15 Suspendam cor tuis aris!

Piscina plena virtutis,
Fons æternæ juventutis,
18 Labris vocem redde mutis!

Quod erat spurcum, cremasti;
Quod rudius, exæquasti;
21 Quod debile, confirmasti.

In fame mea taberna,
In nocte mea lucerna,
24 Recte me semper guberna.

Adde nunc vires viribus,
Dulce balneum suavibus
27 Unguentatum odoribus!

Meos circa lumbos mica,
O castitatis lorica,
30 Aqua tincta seraphica;

Patera gemmis corusca,
Panis salsus, mollis esca,
33 Divinum vinum, Francisca!

LAUDES[1] POUR MA FRANÇOISE

VERS COMPOSÉS POUR UNE MODISTE ÉRUDITE ET DÉVOTE

Traduction de Yves Florenne[2]

Je te chanterai en de jeunes chœurs
Ô jeunesse, toi qui joues
Dans le délaissement de mon cœur,
Sois ceinte d'enlacements
Ô femme de délices
Par qui sont remis les péchés.
Comme d'un Léthé[3] bénéfique
Je paierai des baisers de toi
Ô magnétique !
Quand des vices la saison néfaste
Bouleversait toutes les routes de la mer
Tu m'es apparue, Déité[4],
Comme l'étoile salutaire
Dans les naufrages amers…
– Je suspendrai mon cœur à tes autels !
Citerne pleine de vertu,
Fontaine d'éternelle jouvence,
Rends la voix à mes lèvres muettes !
Ce qui était corrompu, tu l'as brûlé,
Ce qui était de matière brute, tu l'as façonné,
Ce qui était faible, tu l'as conforté.

---

1. Louanges.
2. Charles BAUDELAIRE. *Les fleurs du mal*, Présentation de Yves Florenne, Paris, Librairie générale française, « Le livre de poche », 1972, p. 364 à 366.
3. Fleuve qui apportait l'oubli à ceux qui buvaient son eau.
4. Déesse.

Dans la faim, mon auberge,
Dans la nuit, ma lampe, –
Droit, toujours, maintiens mon gouvernail,
Accrois donc de force mes forces,
Bain de suavité[1]
Tout imprégné d'odeurs.
Amour de mes reins, étincelle
Armure de chasteté
Ointe d'eau séraphique[2],
Calice de ses gemmes[3] coruscant[4],
Pain salé, fondante nourriture,
Vin divin, ô Françoise !

LIV – À UNE DAME CRÉOLE

Au pays parfumé que le soleil caresse,
J'ai connu, sous un dais[5] d'arbres tout empourprés
Et de palmiers d'où pleut sur les yeux la paresse,
4 Une dame créole aux charmes ignorés.

Son teint est pâle et chaud ; la brune enchanteresse
A dans le cou des airs noblement maniérés ;
Grande et svelte en marchant comme une chasseresse,
8 Son sourire est tranquille et ses yeux assurés.

Si vous alliez, Madame, au vrai pays de gloire,
Sur les bords de la Seine ou de la verte Loire,
11 Belle digne d'orner les antiques manoirs,

---

1. Douceur délicieuse.
2. Qui évoque les séraphins, les anges.
3. Pierres précieuses.
4. Reluisant, éclatant.
5. Toit, voûte.

Vous feriez, à l'abri des ombreuses retraites,
Germer mille sonnets dans le cœur des poètes,
14 Que vos grands yeux rendraient plus soumis que vos noirs.

LV – MŒSTA ET ERRABUNDA[1]

Dis-moi, ton cœur parfois s'envole-t-il, Agathe,
Loin du noir océan de l'immonde cité,
Vers un autre océan où la splendeur éclate,
Bleu, clair, profond, ainsi que la virginité ?
5 Dis-moi, ton cœur parfois s'envole-t-il, Agathe ?

La mer la vaste mer, console nos labeurs !
Quel démon a doté la mer, rauque chanteuse
Qu'accompagne l'immense orgue des vents grondeurs,
De cette fonction sublime de berceuse ?
10 La mer, la vaste mer, console nos labeurs !

Emporte-moi wagon ! enlève-moi, frégate !
Loin ! loin ! ici la boue est faite de nos pleurs !
– Est-il vrai que parfois le triste cœur d'Agathe
Dise : Loin des remords, des crimes, des douleurs,
15 Emporte-moi, wagon, enlève-moi, frégate ?

Comme vous êtes loin, paradis parfumé,
Où sous un clair azur tout n'est qu'amour et joie,
Où tout ce que l'on aime est digne d'être aimé,
Où dans la volupté pure le cœur se noie !
20 Comme vous êtes loin, paradis parfumé !

Mais le vert paradis des amours enfantines,
Les courses, les chansons, les baisers, les bouquets,
Les violons vibrant derrière les collines,
Avec les brocs[2] de vin, le soir, dans les bosquets,
25 – Mais le vert paradis des amours enfantines,

---

1. Expression latine signifiant « Triste et errante ».
2. Pots, récipients à anse.

L'innocent paradis, plein de plaisirs furtifs,
Est-il déjà plus loin que l'Inde et que la Chine ?
Peut-on le rappeler avec des cris plaintifs,
Et l'animer encor d'une voix argentine,
30 L'innocent paradis plein de plaisirs furtifs ?

LVI – LES CHATS

Les amoureux fervents et les savants austères
Aiment également, dans leur mûre saison,
Les chats puissants et doux, orgueil de la maison,
4 Qui comme eux sont frileux et comme eux sédentaires.

Amis de la science et de la volupté,
Ils cherchent le silence et l'horreur des ténèbres ;
L'Érèbe[1] les eût pris pour ses coursiers funèbres,
8 S'ils pouvaient au servage[2] incliner leur fierté.

Ils prennent en songeant les nobles attitudes
Des grands sphinx[3] allongés au fond des solitudes,
11 Qui semblent s'endormir dans un rêve sans fin ;

Leurs reins féconds sont pleins d'étincelles magiques,
Et des parcelles d'or, ainsi qu'un sable fin,
14 Étoilent vaguement leurs prunelles mystiques.

---

1. Personnification des ténèbres infernales.
2. Esclavage.
3. Monstre fabuleux qui proposait aux voyageurs une énigme.

LVII – LES HIBOUX

Sous les ifs noirs qui les abritent,
Les hiboux se tiennent rangés,
Ainsi que des dieux étrangers,
4 Dardant leur œil rouge. Ils méditent.

Sans remuer ils se tiendront
Jusqu'à l'heure mélancolique
Où, poussant le soleil oblique,
8 Les ténèbres s'établiront.

Leur attitude au sage enseigne
Qu'il faut en ce monde qu'il craigne
11 Le tumulte et le mouvement;

L'homme ivre d'une ombre qui passe
Porte toujours le châtiment
14 D'avoir voulu changer de place.

LVIII – LA CLOCHE FÊLÉE

Il est amer et doux, pendant les nuits d'hiver,
D'écouter, près du feu qui palpite et qui fume,
Les souvenirs lointains lentement s'élever
4 Au bruit des carillons qui chantent dans la brume.

Bienheureuse la cloche au gosier vigoureux
Qui, malgré sa vieillesse, alerte et bien portante,
Jette fidèlement son cri religieux,
8 Ainsi qu'un vieux soldat qui veille sous la tente!

Moi, mon âme est fêlée, et lorsqu'en ses ennuis
Elle veut de ses chants peupler l'air froid des nuits,
11 Il arrive souvent que sa voix affaiblie

Semble le râle épais d'un blessé qu'on oublie
Au bord d'un lac de sang, sous un grand tas de morts,
14 Et qui meurt, sans bouger, dans d'immenses efforts.

LIX – SPLEEN

Pluviôse[1], irrité contre la ville entière,
De son urne à grands flots verse un froid ténébreux
Aux pâles habitants du voisin cimetière
4 Et la mortalité sur les faubourgs brumeux.

Mon chat sur le carreau cherchant une litière[2]
Agite sans repos son corps maigre et galeux ;
L'âme d'un vieux poète erre dans la gouttière
8 Avec la triste voix d'un fantôme frileux.

Le bourdon se lamente, et la bûche enfumée
Accompagne en fausset[3] la pendule enrhumée,
11 Cependant qu'en un jeu plein de sales parfums,

Héritage fatal d'une vieille hydropique[4],
Le beau valet de cœur et la dame de pique
14 Causent sinistrement de leurs amours défunts.

LX – SPLEEN

J'ai plus de souvenirs que si j'avais mille ans.

Un gros meuble à tiroirs encombré de bilans,
De vers, de billets doux, de procès, de romances,
Avec de lourds cheveux roulés dans des quittances,
5 Cache moins de secrets que mon triste cerveau.
C'est une pyramide, un immense caveau,
Qui contient plus de morts que la fosse commune.
– Je suis un cimetière abhorré[5] de la lune,

---

1. Cinquième mois du calendrier républicain (du 20 janvier au 19 février).
2. Endroit pour dormir.
3. Avec des sons aigus.
4. Personne atteinte d'hydropisie.
5. Détesté.

Où comme des remords se traînent de longs vers
10 Qui s'acharnent toujours sur mes morts les plus chers.
Je suis un vieux boudoir plein de roses fanées,
Où gît tout un fouillis de modes surannées[1],
Où les pastels plaintifs et les pâles Boucher[2],
Seuls, respirent l'odeur d'un flacon débouché.

15 Rien n'égale en longueur les boiteuses journées,
Quand sous les lourds flocons des neigeuses années
L'ennui, fruit de la morne incuriosité,
Prend les proportions de l'immortalité.
– Désormais tu n'es plus, ô matière vivante!
20 Qu'un granit entouré d'une vague épouvante,
Assoupi dans le fond d'un Sahara brumeux;
Un vieux sphinx[3] ignoré du monde insoucieux,
Oublié sur la carte, et dont l'humeur farouche
Ne chante qu'aux rayons du soleil qui se couche.

LXI – SPLEEN

Je suis comme le roi d'un pays pluvieux,
Riche, mais impuissant, jeune et pourtant très vieux,
Qui, de ses précepteurs[4] méprisant les courbettes,
S'ennuie avec ses chiens comme avec d'autres bêtes.
5 Rien ne peut l'égayer, ni gibier, ni faucon,
Ni son peuple mourant en face du balcon.
Du bouffon favori la grotesque ballade
Ne distrait plus le front de ce cruel malade;

---

1. Dépassées, désuètes.
2. François Boucher (1703-1770): peintre français.
3. Monstre fabuleux qui proposait aux voyageurs une énigme.
4. Professeurs chargés de l'instruction des enfants nobles ou riches.

Son lit fleurdelisé se transforme en tombeau,
10 Et les dames d'atour[1], pour qui tout prince est beau,
Ne savent plus trouver d'impudique toilette
Pour tirer un souris[2] de ce jeune squelette.
Le savant qui lui fait de l'or n'a jamais pu
De son être extirper l'élément corrompu,
15 Et dans ces bains de sang qui des Romains nous viennent,
Et dont sur leurs vieux jours les puissants se souviennent,
Il n'a su réchauffer ce cadavre hébété
Où coule au lieu de sang l'eau verte du Léthé[3].

LXII – SPLEEN

Quand le ciel bas et lourd pèse comme un couvercle
Sur l'esprit gémissant en proie aux longs ennuis,
Et que de l'horizon embrassant tout le cercle
4 Il nous verse un jour noir plus triste que les nuits;

Quand la terre est changée en un cachot humide,
Où l'Espérance, comme une chauve-souris,
S'en va battant les murs de son aile timide
8 Et se cognant la tête à des plafonds pourris;

Quand la pluie étalant ses immenses traînées
D'une vaste prison imite les barreaux,
Et qu'un peuple muet d'infâmes araignées
12 Vient tendre ses filets au fond de nos cerveaux,

Des cloches tout à coup sautent avec furie
Et lancent vers le ciel un affreux hurlement,
Ainsi que des esprits errants et sans patrie
16 Qui se mettent à geindre opiniâtrement.

---

1. Dames chargées de présider à la toilette d'une reine, d'une princesse.
2. Ancienne façon de désigner le mot *sourire*.
3. Fleuve dont l'eau apportait l'oubli à ceux qui la buvaient.

– Et de longs corbillards, sans tambours ni musique,
Défilent lentement dans mon âme ; l'Espoir,
Vaincu, pleure, et l'Angoisse atroce, despotique,
20 Sur mon crâne incliné plante son drapeau noir.

LXIII – BRUMES ET PLUIES

Ô fins d'automne, hivers, printemps trempés de boue,
Endormeuses saisons ! je vous aime et vous loue
D'envelopper ainsi mon cœur et mon cerveau
4 D'un linceul vaporeux et d'un vague tombeau.

Dans cette grande plaine où l'autan[1] froid se joue,
Où par les longues nuits la girouette s'enroue,
Mon âme mieux qu'au temps du tiède renouveau
8 Ouvrira largement ses ailes de corbeau.

Rien n'est plus doux au cœur plein de choses funèbres,
Et sur qui dès longtemps descendent les frimas,
11 Ô blafardes saisons, reines de nos climats,

Que l'aspect permanent de vos pâles ténèbres,
– Si ce n'est, par un soir sans lune, deux à deux,
14 D'endormir la douleur sur un lit hasardeux.

LXIV – L'IRRÉMÉDIABLE

I

Une Idée, une Forme, un Être
Parti de l'azur et tombé
Dans un Styx[2] bourbeux et plombé
4 Où nul œil du Ciel ne pénètre ;

---

1. Vent orageux du Midi de la France.
2. Fleuve des enfers.

Un Ange, imprudent voyageur
Qu'a tenté l'amour du difforme,
Au fond d'un cauchemar énorme
8 Se débattant comme un nageur,

Et luttant, angoisses funèbres!
Contre un gigantesque remous
Qui va chantant comme les fous
12 Et pirouettant dans les ténèbres;

Un malheureux ensorcelé
Dans ses tâtonnements futiles,
Pour fuir d'un lieu plein de reptiles,
16 Cherchant la lumière et la clé;

Un damné descendant sans lampe,
Au bord d'un gouffre dont l'odeur
Trahit l'humide profondeur,
20 D'éternels escaliers sans rampe,

Où veillent des monstres visqueux
Dont les larges yeux de phosphore
Font une nuit plus noire encore
24 Et ne rendent visibles qu'eux;

Un navire pris dans le pôle,
Comme en un piège de cristal,
Cherchant par quel détroit fatal
28 Il est tombé dans cette geôle[1];

– Emblèmes nets, tableau parfait
D'une fortune irrémédiable,
Qui donne à penser que le Diable
32 Fait toujours bien tout ce qu'il fait!

---

1. Prison.

II

Tête-à-tête sombre et limpide
Qu'un cœur devenu son miroir !
Puits de Vérité, clair et noir,
36 Où tremble une étoile livide,

Un phare ironique, infernal,
Flambeau des grâces sataniques,
Soulagement et gloire uniques,
40 – La conscience dans le Mal !

LXV – À UNE MENDIANTE ROUSSE

Blanche fille aux cheveux roux,
Dont la robe par ses trous
Laisse voir la pauvreté
4   Et la beauté,

Pour moi, poète chétif,
Ton jeune corps maladif,
Plein de taches de rousseur,
8   A sa douceur.

Tu portes plus galamment
Qu'une reine de roman
Ses cothurnes[1] de velours
12   Tes sabots lourds.

Au lieu d'un haillon trop court,
Qu'un superbe habit de cour
Traîne à plis bruyants et longs
16   Sur tes talons ;

---

1. Chaussures à haute semelle.

En place de bas troués,
Que pour les yeux des roués[1]
Sur ta jambe un poignard d'or
20   Reluise encor;

Que des nœuds mal attachés
Dévoilent pour nos péchés
Tes deux beaux seins, radieux
24   Comme des yeux;

Que pour te déshabiller
Tes bras se fassent prier
Et chassent à coups mutins
28   Les doigts lutins,

Perles de la plus belle eau,
Sonnets de maître Belleau[2]
Par tes galants mis aux fers
32   Sans cesse offerts,

Valetaille[3] de rimeurs
Te dédiant leurs primeurs
Et contemplant ton soulier
36   Sous l'escalier,

Maint page épris du hasard,
Maint seigneur et maint Ronsard
Épieraient pour le déduit[4]
40   Ton frais réduit!

Tu compterais dans tes lits
Plus de baisers que de lis
Et rangerais sous tes lois
44   Plus d'un Valois!

---

1. Débauchés, sans morale.
2. Rémi Belleau (1528-1577): poète de la Pléiade.
3. Troupe, troupeau (de valets).
4. Plaisir.

– Cependant tu vas gueusant[1]
Quelque vieux débris gisant
Au seuil de quelque Véfour[2]
48   De carrefour ;

Tu vas lorgnant en dessous
Des bijoux de vingt-neuf sous
Dont je ne puis, oh ! pardon !
52   Te faire don.

Va donc, sans autre ornement,
Parfum, perles, diamant,
Que ta maigre nudité,
56   Ô ma beauté !

LXVI – LE JEU

Dans des fauteuils fanés des courtisanes vieilles,
Pâles, le sourcil peint, l'œil câlin et fatal,
Minaudant, et faisant de leurs maigres oreilles
4 Tomber un cliquetis de pierre et de métal ;

Autour des verts tapis des visages sans lèvre,
Des lèvres sans couleur, des mâchoires sans dent,
Et des doigts convulsés d'une infernale fièvre,
8 Fouillant la poche vide ou le sein palpitant ;

Sous de sales plafonds un rang de pâles lustres
Et d'énormes quinquets[3] projetant leurs lueurs
Sur des fronts ténébreux de poètes illustres
12 Qui viennent gaspiller leurs sanglantes sueurs ;

---

1. Mendiant.
2. Célèbre restaurant parisien.
3. Lampes anciennes.

Voilà le noir tableau qu'en un rêve nocturne
Je vis se dérouler sous mon œil clairvoyant.
Moi-même, dans un coin de l'antre taciturne,
16 Je me vis accoudé, froid, muet, enviant,

Enviant de ces gens la passion tenace,
De ces vieilles putains la funèbre gaieté,
Et tous gaillardement trafiquant à ma face,
20 L'un de son vieil honneur, l'autre de sa beauté !

Et mon cœur s'effraya d'envier maint pauvre homme
Courant avec ferveur à l'abîme béant,
Et qui, soûl de son sang, préférerait en somme
24 La douleur à la mort et l'enfer au néant !

LXVII – LE CRÉPUSCULE DU SOIR

Voici le soir charmant, ami du criminel ;
Il vient comme un complice, à pas de loup ; le ciel
Se ferme lentement comme une grande alcôve,
Et l'homme impatient se change en bête fauve.

5 Ô soir, aimable soir, désiré par celui
Dont les bras, sans mentir, peuvent dire : Aujourd'hui
Nous avons travaillé ! – C'est le soir qui soulage
Les esprits que dévore une douleur sauvage,
Le savant obstiné dont le front s'alourdit,
10 Et l'ouvrier courbé qui regagne son lit.
Cependant des démons malsains dans l'atmosphère
S'éveillent lourdement, comme des gens d'affaire,
Et cognent en volant les volets et l'auvent.
À travers les lueurs que tourmente le vent
15 La Prostitution s'allume dans les rues ;
Comme une fourmilière elle ouvre ses issues ;
Partout elle se fraye un occulte chemin,
Ainsi que l'ennemi qui tente un coup de main ;

Elle remue au sein de la cité de fange[1]
20 Comme un ver qui dérobe à l'Homme ce qu'il mange.
On entend çà et là les cuisines siffler,
Les théâtres glapir, les orchestres ronfler ;
Les tables d'hôte, dont le jeu fait les délices,
S'emplissent de catins et d'escrocs, leurs complices,
25 Et les voleurs, qui n'ont ni trêve ni merci,
Vont bientôt commencer leur travail, eux aussi,
Et forcer doucement les portes et les caisses
Pour vivre quelques jours et vêtir leurs maîtresses.

Recueille-toi, mon âme, en ce grave moment,
30 Et ferme ton oreille à ce rugissement.
C'est l'heure où les douleurs des malades s'aigrissent !
La sombre Nuit les prend à la gorge ; ils finissent
Leur destinée et vont vers le gouffre commun ;
L'hôpital se remplit de leurs soupirs. – Plus d'un
35 Ne viendra plus chercher la soupe parfumée,
Au coin du feu, le soir, auprès d'une âme aimée.

Encore la plupart n'ont-ils jamais connu
La douceur du foyer et n'ont jamais vécu !

LXVIII – LE CRÉPUSCULE DU MATIN

La diane chantait dans les cours des casernes,
Et le vent du matin soufflait sur les lanternes.

C'était l'heure où l'essaim des rêves malfaisants
Tord sur leurs oreillers les bruns adolescents ;
5 Où, comme un œil sanglant qui palpite et qui bouge,
La lampe sur le jour fait une tache rouge ;
Où l'âme, sous le poids du corps revêche et lourd,
Imite les combats de la lampe et du jour.

---

1. Souillée, sale.

Comme un visage en pleurs que les brises essuient,
10 L'air est plein du frisson des choses qui s'enfuient,
 Et l'homme est las d'écrire et la femme d'aimer.

 Les maisons çà et là commençaient à fumer.
 Les femmes de plaisir, la paupière livide,
 Bouche ouverte, dormaient de leur sommeil stupide;
15 Les pauvresses, traînant leurs seins maigres et froids,
 Soufflaient sur leurs tisons et soufflaient sur leurs doigts.
 C'était l'heure où parmi le froid et la lésine[1]
 S'aggravent les douleurs des femmes en gésine[2];
 Comme un sanglot coupé par un sang écumeux
20 Le chant du coq au loin déchirait l'air brumeux;
 Une mer de brouillards baignait les édifices,
 Et les agonisants dans le fond des hospices
 Poussaient leur dernier râle en hoquets inégaux.
 Les débauchés rentraient, brisés par leurs travaux.

25 L'aurore grelottante en robe rose et verte
 S'avançait lentement sur la Seine déserte,
 Et le sombre Paris, en se frottant les yeux,
 Empoignait ses outils, vieillard laborieux.

LXIX

La servante au grand cœur dont vous étiez jalouse,
Et qui dort son sommeil sous une humble pelouse,
Nous devrions pourtant lui porter quelques fleurs.
Les morts, les pauvres morts, ont de grandes douleurs,
5 Et quand Octobre souffle, émondeur des vieux arbres,
Son vent mélancolique à l'entour de leurs marbres,
Certe[3], ils doivent trouver les vivants bien ingrats,
À dormir, comme ils font, chaudement dans leurs draps,

---

1. Avarice.

2. Sur le point ou en train d'accoucher.

3. Licence poétique.

Tandis que, dévorés de noires songeries,
10 Sans compagnon de lit, sans bonnes causeries,
Vieux squelettes gelés travaillés par le ver,
Ils sentent s'égoutter les neiges de l'hiver
Et le siècle couler, sans qu'amis ni famille
Remplacent les lambeaux qui pendent à leur grille.
15 Lorsque la bûche siffle et chante, si le soir,
Calme, dans le fauteuil je la voyais s'asseoir,
Si, par une nuit bleue et froide de décembre,
Je la trouvais tapie en un coin de ma chambre,
Grave, et venant du fond de son lit éternel
20 Couver l'enfant grandi de son œil maternel,
Que pourrais-je répondre à cette âme pieuse,
Voyant tomber des pleurs de sa paupière creuse ?

LXX

Je n'ai pas oublié, voisine de la ville,
Notre blanche maison, petite mais tranquille ;
Sa Pomone[1] de plâtre et sa vieille Vénus
Dans un bosquet chétif cachant leurs membres nus,
5 Et le soleil, le soir, ruisselant et superbe,
Qui, derrière la vitre où se brisait sa gerbe,
Semblait, grand œil ouvert dans le ciel curieux,
Contempler nos dîners longs et silencieux,
Répandant largement ses beaux reflets de cierge
10 Sur la nappe frugale et les rideaux de serge[2].

---

1. Déesse des fruits et des jardins.
2. Sorte de tissu.

LXXI – LE TONNEAU DE LA HAINE

La Haine est le tonneau des pâles Danaïdes[1];
La Vengeance éperdue aux bras rouges et forts
A beau précipiter dans ses ténèbres vides
4 De grands seaux pleins du sang et des larmes des morts,

Le Démon fait des trous secrets à ces abîmes,
Par où fuiraient mille ans de sueurs et d'efforts,
Quand même elle saurait ranimer ses victimes,
8 Et pour les pressurer ressusciter leurs corps.

La Haine est un ivrogne au fond d'une taverne,
Qui sent toujours la soif naître de la liqueur
11 Et se multiplier comme l'hydre de Lerne[2].

– Mais les buveurs heureux connaissent leur vainqueur,
Et la Haine est vouée à ce sort lamentable
14 De ne pouvoir jamais s'endormir sous la table.

LXXII – LE REVENANT

Comme les anges à l'œil fauve,
Je reviendrai dans ton alcôve
Et vers toi glisserai sans bruit
4 Avec les ombres de la nuit;

Et je te donnerai, ma brune,
Des baisers froids comme la lune
Et des caresses de serpent
8 Autour d'une fosse rampant.

---

1. Déesses condamnées à remplir un tonneau sans fond.
2. Serpent légendaire dont les sept têtes repoussaient si on ne les coupait pas
   d'un seul coup.

Quand viendra le matin livide,
Tu trouveras ma place vide,
11 Où jusqu'au soir il fera froid.

Comme d'autres par la tendresse,
Sur ta vie et sur ta jeunesse,
14 Moi, je veux régner par l'effroi.

LXXIII – LE MORT JOYEUX

Dans une terre grasse et pleine d'escargots
Je veux creuser moi-même une fosse profonde,
Où je puisse à loisir étaler mes vieux os
4 Et dormir dans l'oubli comme un requin dans l'onde.

Je hais les testaments et je hais les tombeaux ;
Plutôt que d'implorer une larme du monde,
Vivant, j'aimerais mieux inviter les corbeaux
8 À saigner tous les bouts de ma carcasse immonde.

Ô vers ! noirs compagnons sans oreille et sans yeux,
Voyez venir à vous un mort libre et joyeux ;
11 Philosophes viveurs, fils de la pourriture,

À travers ma ruine allez donc sans remords,
Et dites-moi s'il est encor quelque torture
14 Pour ce vieux corps sans âme et mort parmi les morts !

LXXIV – SÉPULTURE

Si par une nuit lourde et sombre
Un bon chrétien, par charité,
Derrière quelque vieux décombre
4 Enterre votre corps vanté,

À l'heure où les chastes étoiles
Ferment leurs yeux appesantis,
L'araignée y fera ses toiles,
8 Et la vipère ses petits ;

 Vous entendrez toute l'année
 Sur votre tête condamnée
11 Les cris lamentables des loups

Et des sorcières faméliques,
Les ébats des vieillards lubriques[1]
14 Et les complots des noirs filous.

LXXV – TRISTESSES DE LA LUNE

Ce soir, la lune rêve avec plus de paresse ;
Ainsi qu'une beauté, sur de nombreux coussins,
Qui d'une main distraite et légère caresse
4 Avant de s'endormir le contour de ses seins,

Sur le dos satiné des molles avalanches,
Mourante, elle se livre aux longues pâmoisons,
Et promène ses yeux sur les visions blanches
8 Qui montent dans l'azur comme des floraisons.

Quand parfois sur ce globe, en sa langueur oisive,
Elle laisse filer une larme furtive,
11 Un poète pieux, ennemi du sommeil,

Dans le creux de sa main prend cette larme pâle,
Aux reflets irisés comme un fragment d'opale,
14 Et la met dans son cœur loin des yeux du soleil.

---

1. Qui manifestent un penchant pour la luxure.

LXXVI – LA MUSIQUE

La musique souvent me prend comme une mer !
   Vers ma pâle étoile,
Sous un plafond de brume ou dans un vaste éther,
4   Je mets à la voile ;

La poitrine en avant et les poumons gonflés
   Comme de la toile,
J'escalade le dos des flots amoncelés
8   Que la nuit me voile ;

Je sens vibrer en moi toutes les passions
   D'un vaisseau qui souffre ;
11 Le bon vent, la tempête et ses convulsions

   Sur l'immense gouffre
Me bercent. D'autres fois, calme plat, grand miroir
14   De mon désespoir !

LXXVII – LA PIPE

   Je suis la pipe d'un auteur ;
   On voit, à contempler ma mine
   D'Abyssinienne[1] ou de Cafrine[2],
4 Que mon maître est un grand fumeur.

   Quand il est comblé de douleur,
   Je fume comme la chaumine[3]
   Où se prépare la cuisine
8 Pour le retour du laboureur.

---

1. D'Abyssinie, ancien nom de l'Éthiopie.

2. Tribu d'Afrique.

3. Petite chaumière.

J'enlace et je berce son âme
Dans le réseau mobile et bleu
11 Qui monte de ma bouche en feu,

Et je roule un puissant dictame[1]
Qui charme son cœur et guérit
14 De ses fatigues son esprit.

---

1. Adoucissement, baume.

LXXVIII – LA DESTRUCTION

Sans cesse à mes côtés s'agite le Démon ;
Il nage autour de moi comme un air impalpable ;
Je l'avale et le sens qui brûle mon poumon
4 Et l'emplit d'un désir éternel et coupable.

Parfois il prend, sachant mon grand amour de l'Art,
La forme de la plus séduisante des femmes,
Et, sous de spécieux prétextes de cafard,
8 Accoutume ma lèvre à des philtres[1] infâmes.

Il me conduit ainsi, loin du regard de Dieu,
Haletant et brisé de fatigue, au milieu
11 Des plaines de l'Ennui, profondes et désertes,

Et jette dans mes yeux pleins de confusion
Des vêtements souillés, des blessures ouvertes,
14 Et l'appareil sanglant de la Destruction !

LXXIX – UNE MARTYRE

Dessin d'un maître inconnu

Au milieu des flacons, des étoffes lamées[2]
      Et des meubles voluptueux,
Des marbres, des tableaux, des robes parfumées
4   Qui traînent à plis somptueux,

---

1. Breuvages magiques destinés à inspirer l'amour.
2. Tissées avec des fils métalliques.

Dans une chambre tiède où, comme en une serre,
      L'air est dangereux et fatal,
Où des bouquets mourants dans leurs cercueils de verre
8   Exhalent leur soupir final,

Un cadavre sans tête épanche, comme un fleuve,
      Sur l'oreiller désaltéré
Un sang rouge et vivant, dont la toile s'abreuve
12   Avec l'avidité d'un pré.

Semblable aux visions pâles qu'enfante l'ombre
      Et qui nous enchaînent les yeux,
La tête, avec l'amas de sa crinière sombre
16   Et de ses bijoux précieux,

Sur la table de nuit, comme une renoncule[1],
      Repose; et, vide de pensers[2],
Un regard vague et blanc comme le crépuscule
20   S'échappe des yeux révulsés.

Sur le lit, le tronc nu sans scrupules étale
      Dans le plus complet abandon
La secrète splendeur et la beauté fatale
24   Dont la nature lui fit don;

Un bas rosâtre, orné de coins d'or, à la jambe,
      Comme un souvenir est resté;
La jarretière, ainsi qu'un œil secret qui flambe,
28   Darde un regard diamanté.

Le singulier aspect de cette solitude
      Et d'un grand portrait langoureux,
Aux yeux provocateurs comme son attitude,
32   Révèle un amour ténébreux,

---

1. Plante à fleurs jaunes ou blanches.
2. Ancienne orthographe de *pensées*.

Une coupable joie et des fêtes étranges
       Pleines de baisers infernaux,
Dont se réjouissait l'essaim des mauvais anges
36   Nageant dans les plis des rideaux;

Et cependant, à voir la maigreur élégante
       De l'épaule au contour heurté,
La hanche un peu pointue et la taille fringante
40   Ainsi qu'un reptile irrité,

Elle est bien jeune encor! – Son âme exaspérée
       Et ses sens par l'ennui mordus
S'étaient-ils entr'ouverts à la meute altérée
44   Des désirs errants et perdus?

L'homme vindicatif que tu n'as pu, vivante,
       Malgré tant d'amour, assouvir,
Combla-t-il sur ta chair inerte et complaisante
48   L'immensité de son désir?

Réponds, cadavre impur! et par tes tresses roides[1]
       Te soulevant d'un bras fiévreux,
Dis-moi, tête effrayante, a-t-il sur tes dents froides
52   Collé les suprêmes adieux?

– Loin du monde railleur, loin de la foule impure,
       Loin des magistrats curieux,
Dors en paix, dors en paix, étrange créature,
56   Dans ton tombeau mystérieux;

Ton époux court le monde, et ta forme immortelle
       Veille près de lui quand il dort;
Autant que toi sans doute il te sera fidèle,
60   Et constant jusques à la mort.

---

1. Raides.

LXXX – LESBOS[1]

Mère des jeux latins et des voluptés grecques,
Lesbos, où les baisers, languissants ou joyeux,
Chauds comme les soleils, frais comme les pastèques,
Font l'ornement des nuits et des jours glorieux,
5 Mère des jeux latins et des voluptés grecques,

Lesbos, où les baisers sont comme les cascades
Qui se jettent sans peur dans les gouffres sans fonds,
Et courent, sanglotant et gloussant par saccades,
Orageux et secrets, fourmillants et profonds ;
10 Lesbos, où les baisers sont comme les cascades !

Lesbos, où les Phrynés[2] l'une l'autre s'attirent,
Où jamais un soupir ne resta sans écho,
À l'égal de Paphos[3] les étoiles t'admirent,
Et Vénus à bon droit peut jalouser Sapho[4] !
15 Lesbos où les Phrynés l'une l'autre s'attirent,

Lesbos, terre des nuits chaudes et langoureuses,
Qui font qu'à leurs miroirs, stérile volupté !
Les filles aux yeux creux, de leur corps amoureuses,
Caressent les fruits mûrs de leur nubilité ;
20 Lesbos, terre des nuits chaudes et langoureuses,

Laisse du vieux Platon se froncer l'œil austère ;
Tu tires ton pardon de l'excès des baisers,
Reine du doux empire, aimable et noble terre,
Et des raffinements toujours inépuisés.
25 Laisse du vieux Platon se froncer l'œil austère.

---

1. Île grecque (la femme y était émancipée, d'où le mot *lesbienne*).
2. De Phryné, courtisane grecque d'une grande beauté.
3. Fils de Pygmalion.
4. Poétesse grecque attirée par les jeunes filles.

Tu tires ton pardon de l'éternel martyre,
Infligé sans relâche aux cœurs ambitieux,
Qu'attire loin de nous le radieux sourire
Entrevu vaguement au bord des autres cieux !
30 Tu tires ton pardon de l'éternel martyre !

Qui des Dieux osera, Lesbos, être ton juge
Et condamner ton front pâli dans les travaux,
Si ses balances d'or n'ont pesé le déluge
De larmes qu'à la mer ont versé tes ruisseaux ?
35 Qui des Dieux osera, Lesbos, être ton juge ?

Que nous veulent les lois du juste et de l'injuste ?
Vierges au cœur sublime, honneur de l'Archipel,
Votre religion comme une autre est auguste,
Et l'amour se rira de l'Enfer et du Ciel !
40 Que nous veulent les lois du juste et de l'injuste ?

Car Lesbos entre tous m'a choisi sur la terre
Pour chanter le secret de ses vierges en fleurs,
Et je fus dès l'enfance admis au noir mystère
Des rires effrénés mêlés aux sombres pleurs ;
45 Car Lesbos entre tous m'a choisi sur la terre.

Et depuis lors je veille au sommet de Leucate[1],
Comme une sentinelle à l'œil perçant et sûr,
Qui guette nuit et jour brick[2], tartane[3] ou frégate,
Dont les formes au loin frissonnent dans l'azur ;
50 Et depuis lors je veille au sommet de Leucate,

---

1. Commune de France.

2. Sorte de voilier.

3. Petit navire de Méditerranée.

Pour savoir si la mer est indulgente et bonne,
Et parmi les sanglots dont le roc retentit
Un soir ramènera vers Lesbos, qui pardonne,
Le cadavre adoré de Sapho, qui partit
55 Pour savoir si la mer est indulgente et bonne !

De la mâle Sapho, l'amante et le poëte,
Plus belle que Vénus par ses mornes pâleurs !
– L'œil d'azur est vaincu par l'œil noir que tachète
Le cercle ténébreux tracé par les douleurs
60 De la mâle Sapho, l'amante et le poëte !

– Plus belle que Vénus se dressant sur le monde
Et versant les trésors de sa sérénité
Et le rayonnement de sa jeunesse blonde
Sur le vieil Océan de sa fille enchanté ;
65 Plus belle que Vénus se dressant sur le monde !

– De Sapho qui mourut le jour de son blasphème,
Quand, insultant le rite et le culte inventé,
Elle fit son beau corps la pâture suprême
D'un brutal dont l'orgueil punit l'impiété
70 De celle qui mourut le jour de son blasphème.

Et c'est depuis ce temps que Lesbos se lamente,
Et, malgré les honneurs que lui rend l'univers,
S'enivre chaque nuit du cri de la tourmente
Que poussent vers les cieux ses rivages déserts !
75 Et c'est depuis ce temps que Lesbos se lamente !

LXXXI – FEMMES DAMNÉES

Delphine et Hippolyte

À la pâle clarté des lampes languissantes,
Sur de profonds coussins tout imprégnés d'odeur,
Hippolyte rêvait aux caresses puissantes
4 Qui levaient le rideau de sa jeune candeur.

Elle cherchait, d'un œil troublé par la tempête,
De sa naïveté le ciel déjà lointain,
Ainsi qu'un voyageur qui retourne la tête
8 Vers les horizons bleus dépassés le matin.

De ses yeux amortis les paresseuses larmes,
L'air brisé, la stupeur, la morne volupté,
Ses bras vaincus, jetés comme de vaines armes,
12 Tout servait, tout parait sa fragile beauté.

Étendue à ses pieds, calme et pleine de joie,
Delphine la couvait avec des yeux ardents,
Comme un animal fort qui surveille une proie,
16 Après l'avoir d'abord marquée avec les dents.

Beauté forte à genoux devant la beauté frêle,
Superbe, elle humait voluptueusement
Le vin de son triomphe, et s'allongeait vers elle,
20 Comme pour recueillir un doux remerciement.

Elle cherchait dans l'œil de sa pâle victime
Le cantique muet que chante le plaisir,
Et cette gratitude infinie et sublime
24 Qui sort de la paupière ainsi qu'un long soupir.

— « Hippolyte, cher cœur, que dis-tu de ces choses ?
Comprends-tu maintenant qu'il ne faut pas offrir
L'holocauste sacré de tes premières roses
28 Aux souffles violents qui pourraient les flétrir ?

« Mes baisers sont légers comme ces éphémères
Qui caressent le soir les grands lacs transparents,
Et ceux de ton amant creuseront leurs ornières
32 Comme des chariots ou des socs déchirants ;

« Ils passeront sur toi comme un lourd attelage
De chevaux et de bœufs aux sabots sans pitié…
Hippolyte, ô ma sœur ! tourne donc ton visage,
36 Toi, mon âme et mon cœur, mon tout et ma moitié,

« Tourne vers moi tes yeux pleins d'azur et d'étoiles !
Pour un de ces regards charmants, baume[1] divin,
Des plaisirs plus obscurs je lèverai les voiles
40 Et je t'endormirai dans un rêve sans fin ! »

Mais Hippolyte alors, levant sa jeune tête :
– « Je ne suis point ingrate et ne me repens pas,
Ma Delphine, je souffre et je suis inquiète,
44 Comme après un nocturne et terrible repas.

« Je sens fondre sur moi de lourdes épouvantes
Et de noirs bataillons de fantômes épars,
Qui veulent me conduire en des routes mouvantes
48 Qu'un horizon sanglant ferme de toutes parts.

« Avons-nous donc commis une action étrange ?
Explique, si tu peux, mon trouble et mon effroi :
Je frissonne de peur quand tu me dis : "Mon ange !"
52 Et cependant je sens ma bouche aller vers toi.

« Ne me regarde pas ainsi, toi, ma pensée !
Toi que j'aime à jamais, ma sœur d'élection,
Quand même tu serais une embûche dressée
56 Et le commencement de ma perdition ! »

Delphine secouant sa crinière tragique,
Et comme trépignant sur le trépied de fer,
L'œil fatal, répondit d'une voix despotique :
60 – « Qui donc devant l'amour ose parler d'enfer ?

« Maudit soit à jamais le rêveur inutile
Qui voulut le premier, dans sa stupidité,
S'éprenant d'un problème insoluble et stérile,
64 Aux choses de l'amour mêler l'honnêteté !

---

1. Ce qui adoucit les peines ou la douleur.

« Celui qui veut unir dans un accord mystique
L'ombre avec la chaleur, la nuit avec le jour,
Ne chauffera jamais son corps paralytique
68 À ce rouge soleil que l'on nomme l'amour !

« Va, si tu veux, chercher un fiancé stupide ;
Cours offrir un cœur vierge à ses cruels baisers ;
Et, pleine de remords et d'horreur, et livide,
72 Tu me rapporteras tes seins stigmatisés…

« On ne peut ici-bas contenter qu'un seul maître ! »
Mais l'enfant, épanchant une immense douleur,
Cria soudain : «– Je sens s'élargir dans mon être
76 Un abîme béant ; cet abîme est mon cœur !

« Brûlant comme un volcan, profond comme le vide !
Rien ne rassasiera ce monstre gémissant
Et ne rafraîchira la soif de l'Euménide[1]
80 Qui, la torche à la main, le brûle jusqu'au sang.

« Que nos rideaux fermés nous séparent du monde,
Et que la lassitude amène le repos !
Je veux m'anéantir dans ta gorge profonde
84 Et trouver sur ton sein la fraîcheur des tombeaux ! »

– Descendez, descendez, lamentables victimes,
Descendez le chemin de l'enfer éternel !
Plongez au plus profond du gouffre, où tous les crimes,
88 Flagellés par un vent qui ne vient pas du ciel,

Bouillonnent pêle-mêle avec un bruit d'orage.
Ombres folles, courez au but de vos désirs ;
Jamais vous ne pourrez assouvir votre rage,
92 Et votre châtiment naîtra de vos plaisirs.

---

1. Gardienne de l'ordre moral dans la mythologie grecque.

Jamais un rayon frais n'éclaira vos cavernes;
Par les fentes des murs des miasmes[1] fiévreux
Filtrent en s'enflammant ainsi que des lanternes
96 Et pénètrent vos corps de leurs parfums affreux.

L'âpre stérilité de votre jouissance
Altère votre soif et roidit[2] votre peau,
Et le vent furibond de la concupiscence[3]
100 Fait claquer votre chair ainsi qu'un vieux drapeau.

Loin des peuples vivants, errantes, condamnées,
À travers les déserts courez comme les loups;
Faites votre destin, âmes désordonnées,
104 Et fuyez l'infini que vous portez en vous!

LXXXII – FEMMES DAMNÉES

Comme un bétail pensif sur le sable couchées,
Elles tournent leurs yeux vers l'horizon des mers,
Et leurs pieds se cherchent et leurs mains rapprochées
4 Ont de douces langueurs et des frissons amers.

Les unes, cœurs épris des longues confidences,
Dans le fond des bosquets où jasent les ruisseaux,
Vont épelant l'amour des craintives enfances
8 Et creusent le bois vert des jeunes arbrisseaux;

D'autres, comme des sœurs, marchent lentes et graves
À travers les rochers pleins d'apparitions,
Où saint Antoine[4] a vu surgir comme des laves
12 Les seins nus et pourprés de ses tentations;

---

1. Odeurs de décomposition.
2. Raidit.
3. Penchant pour les plaisirs des sens.
4. Retiré dans le désert, saint Antoine fut obsédé par des visions, des tentations.

Il en est, aux lueurs des résines croulantes,
Qui dans le creux muet des vieux antres païens
T'appellent au secours de leurs fièvres hurlantes,
16 Ô Bacchus[1], endormeur des remords anciens !

Et d'autres, dont la gorge aime les scapulaires[2],
Qui, recelant un fouet sous leurs longs vêtements,
Mêlent, dans le bois sombre et les nuits solitaires,
20 L'écume du plaisir aux larmes des tourments.

Ô vierges, ô démons, ô monstres, ô martyres,
De la réalité grands esprits contempteurs[3],
Chercheuses d'infini dévotes et satyres[4],
24 Tantôt pleines de cris, tantôt pleines de pleurs,

Vous que dans votre enfer mon âme a poursuivies,
Pauvres sœurs, je vous aime autant que je vous plains,
Pour vos mornes douleurs, vos soifs inassouvies,
28 Et les urnes d'amour dont vos grands cœurs sont pleins !

LXXXIII – LES DEUX BONNES SŒURS

La Débauche et la Mort sont deux aimables filles,
Prodigues[5] de baisers et riches de santé,
Dont le flanc toujours vierge et drapé de guenilles
4 Sous l'éternel labeur n'a jamais enfanté.

Au poète sinistre, ennemi des familles,
Favori de l'enfer, courtisan mal renté,
Tombeaux et lupanars[6] montrent sous leurs charmilles[7]
8 Un lit que le remords n'a jamais fréquenté.

---

1. Dieu du vin.
2. Objets de dévotion s'accrochant au cou.
3. Personnes qui méprisent, dénigrent.
4. Divinités à corps humain.
5. Généreuses.
6. Maisons de prostitution.
7. Verdure.

Et la bière[1] et l'alcôve en blasphèmes fécondes
Nous offrent tour à tour, comme deux bonnes sœurs,
11 De terribles plaisirs et d'affreuses douceurs.

Quand veux-tu m'enterrer, Débauche aux bras immondes?
Ô Mort, quand viendras-tu, sa rivale en attraits,
14 Sur ses myrtes[2] infects entre tes noirs cyprès[3]?

LXXXIV – LA FONTAINE DE SANG

Il me semble parfois que mon sang coule à flots,
Ainsi qu'une fontaine aux rythmiques sanglots.
Je l'entends bien qui coule avec un long murmure,
4 Mais je me tâte en vain pour trouver la blessure.

À travers la cité, comme dans un champ clos,
Il s'en va, transformant les pavés en îlots,
Désaltérant la soif de chaque créature,
8 Et partout colorant en rouge la nature.

J'ai demandé souvent à des vins captieux[4]
D'endormir pour un jour la terreur qui me mine;
11 Le vin rend l'œil plus clair et l'oreille plus fine!

J'ai cherché dans l'amour un sommeil oublieux;
Mais l'amour n'est pour moi qu'un matelas d'aiguilles
14 Fait pour donner à boire à ces cruelles filles!

---

1. Caisse où l'on enferme un mort.
2. Arbres voués à Vénus.
3. Arbres des cimetières.
4. Qui induisent en erreur.

LXXXV – ALLÉGORIE

C'est une femme belle et de riche encolure,
Qui laisse dans son vin traîner sa chevelure.
Les griffes de l'amour, les poisons du tripot[1],
Tout glisse et tout s'émousse au granit de sa peau.
5 Elle rit à la Mort et nargue la Débauche,
Ces monstres dont la main, qui toujours gratte et fauche,
Dans ses jeux destructeurs a pourtant respecté
De ce corps ferme et droit la rude majesté.
Elle marche en déesse et repose en sultane ;
10 Elle a dans le plaisir la foi mahométane[2],
Et dans ses bras ouverts, que remplissent ses seins,
Elle appelle des yeux la race des humains.
Elle croit, elle sait, cette vierge inféconde
Et pourtant nécessaire à la marche du monde,
15 Que la beauté du corps est un sublime don
Qui de toute infamie arrache le pardon.
Elle ignore l'Enfer comme le Purgatoire,
Et quand l'heure viendra d'entrer dans la Nuit noire,
Elle regardera la face de la Mort,
20 Ainsi qu'un nouveau-né, – sans haine et sans remords.

LXXXVI – LA BÉATRICE

Dans des terrains cendreux, calcinés, sans verdure,
Comme je me plaignais un jour à la nature,
Et que de ma pensée, en vaguant au hasard,
J'aiguisais lentement sur mon cœur le poignard,
5 Je vis en plein midi descendre sur ma tête
Un nuage funèbre et gros d'une tempête,

---

1. Maison de jeu.
2. De Mahomet, fondateur de l'islam.

Qui portait un troupeau de démons vicieux,
Semblables à des nains cruels et curieux.
À me considérer froidement ils se mirent,
10 Et, comme des passants sur un fou qu'ils admirent,
Je les entendis rire et chuchoter entre eux,
En échangeant maint signe et maint clignement d'yeux :

– « Contemplons à loisir cette caricature
Et cette ombre d'Hamlet[1] imitant sa posture,
15 Le regard indécis et les cheveux au vent.
N'est-ce pas grand'pitié de voir ce bon vivant,
Ce gueux, cet histrion[2] en vacances, ce drôle,
Parce qu'il sait jouer artistement son rôle,
Vouloir intéresser au chant de ses douleurs
20 Les aigles, les grillons, les ruisseaux et les fleurs,
Et même à nous, auteurs de ces vieilles rubriques,
Réciter en hurlant ses tirades publiques ? »

J'aurais pu (mon orgueil aussi haut que les monts
Domine la nuée et le cri des démons)
25 Détourner simplement ma tête souveraine,
Si je n'eusse pas vu parmi leur troupe obscène,
Crime qui n'a pas fait chanceler le soleil !
La reine de mon cœur au regard nonpareil,
Qui riait avec eux de ma sombre détresse
30 Et leur versait parfois quelque sale caresse.

---

1. Héros de Shakespeare.
2. Bouffon.

LXXXVII – LES MÉTAMORPHOSES DU VAMPIRE

La femme cependant, de sa bouche de fraise,
En se tordant ainsi qu'un serpent sur la braise,
Et pétrissant ses seins sur le fer de son busc[1],
Laissait couler ces mots tout imprégnés de musc[2] :
5 – « Moi, j'ai la lèvre humide, et je sais la science
De perdre au fond d'un lit l'antique conscience.
Je sèche tous les pleurs sur mes seins triomphants,
Et fais rire les vieux du rire des enfants.
Je remplace, pour qui me voit nue et sans voiles,
10 La lune, le soleil, le ciel et les étoiles !
Je suis, mon cher savant, si docte aux voluptés,
Lorsque j'étouffe un homme en mes bras redoutés,
Ou lorsque j'abandonne aux morsures mon buste,
Timide et libertine, et fragile et robuste,
15 Que sur ces matelas qui se pâment d'émoi,
Les anges impuissants se damneraient pour moi ! »

Quand elle eut de mes os sucé toute la moelle,
Et que languissamment je me tournai vers elle
Pour lui rendre un baiser d'amour, je ne vis plus
20 Qu'une outre aux flancs gluants, toute pleine de pus !
Je fermai les deux yeux, dans ma froide épouvante,
Et quand je les rouvris à la clarté vivante,
À mes côtés, au lieu du mannequin puissant
Qui semblait avoir fait provision de sang,
25 Tremblaient confusément des débris de squelette,
Qui d'eux-mêmes rendaient le cri d'une girouette
Ou d'une enseigne, au bout d'une tringle de fer,
Que balance le vent pendant les nuits d'hiver.

---

1. Lame de métal servant à maintenir un corset.
2. Substance forte provenant de glandes animales.

LXXXVIII – UN VOYAGE À CYTHÈRE[1]

Mon cœur, comme un oiseau, voltigeait tout joyeux
Et planait librement à l'entour des cordages ;
Le navire roulait sous un ciel sans nuages,
4   Comme un ange enivré d'un soleil radieux.

Quelle est cette île triste et noire ? – C'est Cythère,
Nous dit-on, un pays fameux dans les chansons,
Eldorado[2] banal de tous les vieux garçons.
8   Regardez, après tout, c'est une pauvre terre.

– Île des doux secrets et des fêtes du cœur !
De l'antique Vénus le superbe fantôme
Au-dessus de tes mers plane comme un arôme
12   Et charge les esprits d'amour et de langueur.

Belle île aux myrtes[3] verts, pleine de fleurs écloses,
Vénérée à jamais par toute nation,
Où les soupirs des cœurs en adoration
16   Roulent comme l'encens sur un jardin de roses

Ou le roucoulement éternel d'un ramier[4] !
– Cythère n'était plus qu'un terrain des plus maigres,
Un désert rocailleux troublé par des cris aigres.
20   J'entrevoyais pourtant un objet singulier !

Ce n'était pas un temple aux ombres bocagères[5],
Où la jeune prêtresse, amoureuse des fleurs,
Allait, le corps brûlé de secrètes chaleurs,
24   Entrebâillant sa robe aux brises passagères ;

---

1. Île grecque (île d'Aphrodite, déesse de l'amour).
2. Contrée fabuleuse regorgeant d'or.
3. Arbres dédiés à Vénus.
4. Gros pigeon sauvage.
5. Des bois.

Mais voilà qu'en rasant la côte d'assez près
Pour troubler les oiseaux avec nos voiles blanches,
Nous vîmes que c'était un gibet[1] à trois branches,
28 Du ciel se détachant en noir, comme un cyprès[2].

De féroces oiseaux perchés sur leur pâture
Détruisaient avec rage un pendu déjà mûr,
Chacun plantant, comme un outil, son bec impur
32 Dans tous les coins saignants de cette pourriture ;

Les yeux étaient deux trous, et du ventre effondré
Les intestins pesants lui coulaient sur les cuisses,
Et ses bourreaux, gorgés de hideuses délices,
36 L'avaient à coups de bec absolument châtré.

Sous les pieds, un troupeau de jaloux quadrupèdes,
Le museau relevé, tournoyait et rôdait ;
Une plus grande bête au milieu s'agitait
40 Comme un exécuteur entouré de ses aides.

Habitant de Cythère, enfant d'un ciel si beau,
Silencieusement tu souffrais ces insultes
En expiation de tes infâmes cultes
44 Et des péchés qui t'ont interdit le tombeau.

Ridicule pendu, tes douleurs sont les miennes !
Je sentis, à l'aspect de tes membres flottants,
Comme un vomissement, remonter vers mes dents
48 Le long fleuve de fiel[3] des douleurs anciennes ;

---

1. Potence où l'on pend les condamnés à mort.
2. Arbre des cimetières.
3. Amertume qui s'accompagne de mauvaise humeur.

Devant toi, pauvre diable au souvenir si cher,
J'ai senti tous les becs et toutes les mâchoires
Des corbeaux lancinants et des panthères noires
52 Qui jadis aimaient tant à triturer[1] ma chair.

– Le ciel était charmant, la mer était unie ;
Pour moi tout était noir et sanglant désormais,
Hélas ! et j'avais, comme en un suaire épais,
56 Le cœur enseveli dans cette allégorie.

Dans ton île, ô Vénus ! je n'ai trouvé debout
Qu'un gibet symbolique où pendait mon image…
– Ah ! Seigneur ! donnez-moi la force et le courage
60 De contempler mon cœur et mon corps sans dégoût !

LXXXIX – L'AMOUR ET LE CRÂNE

VIEUX CUL-DE-LAMPE[2]

L'Amour est assis sur le crâne
        De l'Humanité,
Et sur ce trône le profane,
4   Au rire effronté,

Souffle gaiement des bulles rondes
        Qui montent dans l'air,
Comme pour rejoindre les mondes
8   Au fond de l'éther.

Le globe lumineux et frêle
        Prend un grand essor,
Crève et crache son âme grêle
12   Comme un songe d'or.

---

1. Réduire en pâte.
2. Ornement typographique de fin de chapitre et/ou référence à deux gravures de Goltzius.

J'entends le crâne à chaque bulle
          Prier et gémir:
– « Ce jeu féroce et ridicule,
16   Quand doit-il finir?

« Car ce que ta bouche cruelle
          Éparpille en l'air,
Monstre assassin, c'est ma cervelle,
20   Mon sang et ma chair!»

XC – LE RENIEMENT DE SAINT PIERRE

Qu'est-ce que Dieu fait donc de ce flot d'anathèmes[1]
Qui monte tous les jours vers ses chers Séraphins[2]?
Comme un tyran gorgé de viande et de vins,
4 Il s'endort au doux bruit de nos affreux blasphèmes.

Les sanglots des martyrs et des suppliciés
Sont une symphonie enivrante sans doute,
Puisque, malgré le sang que leur volupté coûte,
8 Les cieux ne s'en sont point encore rassasiés!

– Ah! Jésus, souviens-toi du Jardin des Olives[3]!
Dans ta simplicité tu priais à genoux
Celui qui dans son ciel riait au bruit des clous
12 Que d'ignobles bourreaux plantaient dans tes chairs vives,

Lorsque tu vis cracher sur ta divinité
La crapule du corps de garde et des cuisines,
Et lorsque tu sentis s'enfoncer les épines
16 Dans ton crâne où vivait l'immense Humanité;

Quand de ton corps brisé la pesanteur horrible
Allongeait tes deux bras distendus, que ton sang
Et ta sueur coulaient de ton front pâlissant,
20 Quand tu fus devant tous posé comme une cible,

Rêvais-tu de ces jours si brillants et si beaux
Où tu vins pour remplir l'éternelle promesse,
Où tu foulais, monté sur une douce ânesse,
24 Des chemins tout jonchés de fleurs et de rameaux,

---

1. Excommunications.
2. Anges.
3. Avant d'être crucifié, Jésus prie au Jardin des Oliviers.

Où, le cœur tout gonflé d'espoir et de vaillance,
Tu fouettais tous ces vils marchands à tour de bras,
Où tu fus maître enfin ? Le remords n'a-t-il pas
28 Pénétré dans ton flanc plus avant que la lance ?

– Certes, je sortirai, quant à moi, satisfait
D'un monde où l'action n'est pas la sœur du rêve ;
Puissé-je user du glaive[1] et périr par le glaive !
32 Saint Pierre a renié Jésus… il a bien fait !

XCI – ABEL ET CAÏN[2]

I

Race d'Abel, dors, bois et mange ;
2 Dieu te sourit complaisamment.

Race de Caïn, dans la fange[3]
4 Rampe et meurs misérablement.

Race d'Abel, ton sacrifice
6 Flatte le nez du Séraphin[4] !

Race de Caïn, ton supplice
8 Aura-t-il jamais une fin ?

Race d'Abel, vois tes semailles
10 Et ton bétail venir à bien ;

Race de Caïn, tes entrailles
12 Hurlent la faim comme un vieux chien.

Race d'Abel, chauffe ton ventre
14 À ton foyer patriarcal ;

---

1. Épée de combat à deux tranchants.
2. Dans la Bible, Caïn tue Abel, son frère.
3. Saleté.
4. Ange.

Race de Caïn, dans ton antre
16 Tremble de froid, pauvre chacal !

Race d'Abel, aime et pullule !
18 Ton or fait aussi des petits.

Race de Caïn, cœur qui brûle,
20 Prends garde à ces grands appétits.

Race d'Abel, tu croîs et broutes
22 Comme les punaises des bois !

Race de Caïn, sur les routes
24 Traîne ta famille aux abois.

II

Ah ! race d'Abel, ta charogne
26 Engraissera le sol fumant !

Race de Caïn, ta besogne
28 N'est pas faite suffisamment ;

Race d'Abel, voici ta honte :
30 Le fer est vaincu par l'épieu[1] !

Race de Caïn, au ciel monte,
32 Et sur la terre jette Dieu !

XCII – LES LITANIES[2] DE SATAN

Ô toi, le plus savant et le plus beau des Anges,
2 Dieu trahi par le sort et privé de louanges,

Ô Satan, prends pitié de ma longue misère !

---

1. Gros bâton terminé par un fer pointu.
2. Prière répétant une formule.

Ô Prince de l'exil, à qui l'on a fait tort
5 Et qui, vaincu, toujours te redresses plus fort,

Ô Satan, prends pitié de ma longue misère !

Toi qui sais tout, grand roi des choses souterraines,
8 Guérisseur familier des angoisses humaines,

Ô Satan, prends pitié de ma longue misère !

Toi qui, même aux lépreux, aux parias maudits,
11 Enseignes par l'amour le goût du Paradis,

Ô Satan, prends pitié de ma longue misère !

Ô toi qui de la Mort, ta vieille et forte amante,
14 Engendras l'Espérance, – une folle charmante !

Ô Satan, prends pitié de ma longue misère !

Toi qui fais au proscrit ce regard calme et haut
17 Qui damne tout un peuple autour d'un échafaud.

Ô Satan, prends pitié de ma longue misère !

Toi qui sais en quels coins des terres envieuses
20 Le Dieu jaloux cacha les pierres précieuses,

Ô Satan, prends pitié de ma longue misère !

Toi dont l'œil clair connaît les profonds arsenaux
23 Où dort enseveli le peuple des métaux,

Ô Satan, prends pitié de ma longue misère !

Toi dont la large main cache les précipices
26 Au somnambule errant au bord des édifices,

Ô Satan, prends pitié de ma longue misère !

Toi qui, magiquement, assouplis les vieux os
29 De l'ivrogne attardé foulé par les chevaux,

Ô Satan, prends pitié de ma longue misère !

Toi qui, pour consoler l'homme frêle qui souffre,
32 Nous appris à mêler le salpêtre[1] et le soufre,

Ô Satan, prends pitié de ma longue misère !

Toi qui poses ta marque, ô complice subtil,
35 Sur le front du Crésus[2] impitoyable et vil,

Ô Satan, prends pitié de ma longue misère !

Toi qui mets dans les yeux et dans le cœur des filles
38 Le culte de la plaie et l'amour des guenilles,

Ô Satan, prends pitié de ma longue misère !

Bâton des exilés, lampe des inventeurs,
41 Confesseur des pendus et des conspirateurs,

Ô Satan, prends pitié de ma longue misère !

Père adoptif de ceux qu'en sa noire colère
44 Du paradis terrestre a chassés Dieu le Père,

Ô Satan, prends pitié de ma longue misère !

Prière

46 Gloire et louange à toi, Satan, dans les hauteurs
Du Ciel, où tu régnas, et dans les profondeurs
De l'Enfer, où, vaincu, tu rêves en silence !
Fais que mon âme un jour, sous l'Arbre de Science,
50 Près de toi se repose, à l'heure où sur ton front
Comme un Temple nouveau ses rameaux s'épandront !

---

1. Poudre de guerre.
2. Roi incroyablement riche.

LE VIN

XCIII – L'ÂME DU VIN

Un soir, l'âme du vin chantait dans les bouteilles :
« Homme, vers toi je pousse, ô cher déshérité,
Sous ma prison de verre et mes cires vermeilles,
4 Un chant plein de lumière et de fraternité !

« Je sais combien il faut, sur la colline en flamme,
De peine, de sueur et de soleil cuisant
Pour engendrer ma vie et pour me donner l'âme ;
8 Mais je ne serai point ingrat ni malfaisant,

« Car j'éprouve une joie immense quand je tombe
Dans le gosier d'un homme usé par ses travaux,
Et sa chaude poitrine est une douce tombe
12 Où je me plais bien mieux que dans mes froids caveaux.

« Entends-tu retentir les refrains des dimanches
Et l'espoir qui gazouille en mon sein palpitant ?
Les coudes sur la table et retroussant tes manches,
16 Tu me glorifieras et tu seras content ;

« J'allumerai les yeux de ta femme ravie ;
À ton fils je rendrai sa force et ses couleurs
Et serai pour ce frêle athlète de la vie
20 L'huile qui raffermit les muscles des lutteurs.

« En toi je tomberai, végétale ambroisie[1],
Grain précieux jeté par l'éternel Semeur,
Pour que de notre amour naisse la poésie
24 Qui jaillira vers Dieu comme une rare fleur ! »

---

1. Nourriture des dieux, source d'immortalité.

XCIV – LE VIN DES CHIFFONNIERS

Souvent à la clarté rouge d'un réverbère
Dont le vent bat la flamme et tourmente le verre,
Au cœur d'un vieux faubourg, labyrinthe fangeux[1]
4 Où l'humanité grouille en ferments orageux,

On voit un chiffonnier qui vient, hochant la tête,
Butant, et se cognant aux murs comme un poète,
Et, sans prendre souci des mouchards, ses sujets,
8 Épanche tout son cœur en glorieux projets.

Il prête des serments, dicte des lois sublimes,
Terrasse les méchants, relève les victimes,
Et sous le firmament comme un dais[2] suspendu
12 S'enivre des splendeurs de sa propre vertu.

Oui, ces gens harcelés de chagrins de ménage
Moulus par le travail et tourmentés par l'âge
Éreintés et pliant sous un tas de débris,
16 Vomissement confus de l'énorme Paris,

Reviennent, parfumés d'une odeur de futailles[3],
Suivis de compagnons, blanchis dans les batailles,
Dont la moustache pend comme les vieux drapeaux.
20 Les bannières, les fleurs et les arcs triomphaux

Se dressent devant eux, solennelle magie !
Et dans l'étourdissante et lumineuse orgie
Des clairons, du soleil, des cris et du tambour,
24 Ils apportent la gloire au peuple ivre d'amour !

---

1. Sale.
2. Toit, voûte.
3. Tonneaux.

C'est ainsi qu'à travers l'Humanité frivole
Le vin roule de l'or, éblouissant Pactole[1];
Par le gosier de l'homme il chante ses exploits
28 Et règne par ses dons ainsi que les vrais rois.

Pour noyer la rancœur et bercer l'indolence
De tous ces vieux maudits qui meurent en silence,
Dieu, touché de remords, avait fait le sommeil;
32 L'Homme ajouta le Vin, fils sacré du Soleil!

XCV – LE VIN DE L'ASSASSIN

Ma femme est morte, je suis libre!
Je puis donc boire tout mon soûl.
Lorsque je rentrais sans un sou,
4 Ses cris me déchiraient la fibre.

Autant qu'un roi je suis heureux;
L'air est pur, le ciel admirable…
Nous avions un été semblable
8 Lorsque j'en devins amoureux!

L'horrible soif qui me déchire
Aurait besoin pour s'assouvir
D'autant de vin qu'en peut tenir
12 Son tombeau; – ce n'est pas peu dire:

Je l'ai jetée au fond d'un puits,
Et j'ai même poussé sur elle
Tous les pavés de la margelle.
16 – Je l'oublierai si je le puis!

Au nom des serments de tendresse,
Dont rien ne peut nous délier,
Et pour nous réconcilier
20 Comme au beau temps de notre ivresse,

---

1. Rivière pleine de paillettes d'or.

J'implorai d'elle un rendez-vous,
Le soir, sur une route obscure.
Elle y vint – folle créature !
24 Nous sommes tous plus ou moins fous !

Elle était encore jolie,
Quoique bien fatiguée ! et moi,
Je l'aimais trop ! voilà pourquoi
28 Je lui dis : Sors de cette vie !

Nul ne peut me comprendre. Un seul
Parmi ces ivrognes stupides
Songea-t-il dans ses nuits morbides
32 À faire du vin un linceul ?

Cette crapule invulnérable
Comme les machines de fer
Jamais, ni l'été ni l'hiver,
36 N'a connu l'amour véritable,

Avec ses noirs enchantements,
Son cortège infernal d'alarmes,
Ses fioles de poison, ses larmes,
40 Ses bruits de chaîne et d'ossements !

– Me voilà libre et solitaire !
Je serai ce soir ivre mort ;
Alors, sans peur et sans remords,
44 Je me coucherai sur la terre,

Et je dormirai comme un chien !
Le chariot aux lourdes roues
Chargé de pierres et de boues,
48 Le wagon enragé peut bien

Écraser ma tête coupable
Ou me couper par le milieu,
Je m'en moque comme de Dieu,
52 Du Diable ou de la Sainte Table[1] !

---

1. Autel où se dit la messe.

XCVI – LE VIN DU SOLITAIRE

Le regard singulier d'une femme galante
Qui se glisse vers nous comme le rayon blanc
Que la lune onduleuse envoie au lac tremblant,
4 Quand elle y veut baigner sa beauté nonchalante;

Le dernier sac d'écus dans les doigts d'un joueur;
Un baiser libertin de la maigre Adeline[1];
Les sons d'une musique énervante[2] et câline,
8 Semblable au cri lointain de l'humaine douleur,

Tout cela ne vaut pas, ô bouteille profonde,
Les baumes[3] pénétrants que ta panse féconde
11 Garde au cœur altéré du poète pieux;

Tu lui verses l'espoir, la jeunesse et la vie,
– Et l'orgueil, ce trésor de toute gueuserie[4],
14 Qui nous rend triomphants et semblables aux Dieux!

XCVII – LE VIN DES AMANTS

Aujourd'hui l'espace est splendide!
Sans mors, sans éperons, sans bride,
Partons à cheval sur le vin
4 Pour un ciel féerique et divin!

Comme deux anges que torture
Une implacable calenture[5],
Dans le bleu cristal du matin
8 Suivons le mirage lointain!

---

1. Inconnue.
2. Archaïsme: qui enlève du nerf, qui détend.
3. Ce qui adoucit les peines ou la douleur.
4. Mendicité.
5. Délire furieux des navigateurs des mers tropicales.

Mollement balancés sur l'aile
Du tourbillon intelligent,
11 Dans un délire parallèle,

Ma sœur, côte à côte nageant,
Nous fuirons sans repos ni trêves
14 Vers le paradis de mes rêves !

LA MORT

XCVIII – LA MORT DES AMANTS

Nous aurons des lits pleins d'odeurs légères,
Des divans profonds comme des tombeaux,
Et d'étranges fleurs sur des étagères,
4 Écloses pour nous sous des cieux plus beaux.

Usant à l'envi[1] leurs chaleurs dernières,
Nos deux cœurs seront deux vastes flambeaux,
Qui réfléchiront leurs doubles lumières
8 Dans nos deux esprits, ces miroirs jumeaux.

Un soir fait de rose et de bleu mystique,
Nous échangerons un éclair unique,
11 Comme un long sanglot, tout chargé d'adieux;

Et plus tard un Ange, entr'ouvrant les portes,
Viendra ranimer, fidèle et joyeux,
14 Les miroirs ternis et les flammes mortes.

XCIX – LA MORT DES PAUVRES

C'est la Mort qui console, hélas! et qui fait vivre;
C'est le but de la vie, et c'est le seul espoir
Qui, comme un élixir, nous monte et nous enivre,
4 Et nous donne le cœur de marcher jusqu'au soir;

À travers la tempête, et la neige, et le givre,
C'est la clarté vibrante à notre horizon noir;
C'est l'auberge fameuse inscrite sur le livre,
8 Où l'on pourra manger, et dormir, et s'asseoir;

---

1. À qui mieux mieux.

C'est un Ange qui tient dans ses doigts magnétiques
Le sommeil et le don des rêves extatiques,
11 Et qui refait le lit des gens pauvres et nus ;

C'est la gloire des Dieux, c'est le grenier mystique,
C'est la bourse du pauvre et sa patrie antique,
14 C'est le portique ouvert sur les Cieux inconnus !

C – LA MORT DES ARTISTES

Combien faut-il de fois secouer mes grelots
Et baiser ton front bas, morne caricature ?
Pour piquer dans le but, de mystique nature,
4 Combien, ô mon carquois, perdre de javelots ?

Nous userons notre âme en de subtils complots,
Et nous démolirons mainte lourde armature,
Avant de contempler la grande Créature
8 Dont l'infernal désir nous remplit de sanglots !

Il en est qui jamais n'ont connu leur Idole,
Et ces sculpteurs damnés et marqués d'un affront,
11 Qui vont se martelant la poitrine et le front,

N'ont qu'un espoir, étrange et sombre Capitole[1] !
C'est que la Mort, planant comme un soleil nouveau,
14 Fera s'épanouir les fleurs de leur cerveau !

CI – LA FIN DE LA JOURNÉE

Sous une lumière blafarde
Court, danse et se tord sans raison
La Vie, impudente et criarde.
4 Aussi, sitôt qu'à l'horizon

---

1. Lieu où, selon la légende, une louve allaita les fondateurs de Rome.

La nuit voluptueuse monte,
Apaisant tout, même la faim,
Effaçant tout, même la honte,
8 Le Poète se dit : « Enfin !

« Mon esprit, comme mes vertèbres,
Invoque ardemment le repos ;
11 Le cœur plein de songes funèbres,

« Je vais me coucher sur le dos
Et me rouler dans vos rideaux,
14 Ô rafraîchissantes ténèbres ! »

CII – LE RÊVE D'UN CURIEUX

À Félix Nadar

Connais-tu, comme moi, la douleur savoureuse,
Et de toi fais-tu dire : « Oh ! l'homme singulier ! »
– J'allais mourir. C'était dans mon âme amoureuse,
4 Désir mêlé d'horreur, un mal particulier ;

Angoisse et vif espoir, sans humeur factieuse[1].
Plus allait se vidant le fatal sablier,
Plus ma torture était âpre et délicieuse ;
8 Tout mon cœur s'arrachait au monde familier.

J'étais comme l'enfant avide du spectacle,
Haïssant le rideau comme on hait un obstacle…
11 Enfin la vérité froide se révéla :

J'étais mort sans surprise, et la terrible aurore
M'enveloppait. – Eh quoi ! n'est-ce donc que cela ?
14 La toile était levée et j'attendais encore.

---

1. Rebelle.

CIII – LE VOYAGE

À Maxime du Camp

I

Pour l'enfant, amoureux de cartes et d'estampes,
L'univers est égal à son vaste appétit.
Ah ! que le monde est grand à la clarté des lampes !
4 Aux yeux du souvenir que le monde est petit !

Un matin nous partons, le cerveau plein de flamme,
Le cœur gros de rancune et de désirs amers,
Et nous allons, suivant le rythme de la lame[1],
8 Berçant notre infini sur le fini des mers :

Les uns, joyeux de fuir une patrie infâme ;
D'autres, l'horreur de leurs berceaux, et quelques-uns,
Astrologues noyés dans les yeux d'une femme,
12 La Circé[2] tyrannique aux dangereux parfums.

Pour n'être pas changés en bêtes, ils s'enivrent
D'espace et de lumière et de cieux embrasés ;
La glace qui les mord, les soleils qui les cuivrent,
16 Effacent lentement la marque des baisers.

Mais les vrais voyageurs sont ceux-là seuls qui partent
Pour partir ; cœurs légers, semblables aux ballons,
De leur fatalité jamais ils ne s'écartent,
20 Et, sans savoir pourquoi, disent toujours : Allons !

Ceux-là dont les désirs ont la forme des nues,
Et qui rêvent, ainsi qu'un conscrit le canon,
De vastes voluptés, changeantes, inconnues,
24 Et dont l'esprit humain n'a jamais su le nom !

---

1. Vague.
2. Magicienne qui transforme les compagnons d'Ulysse en pourceaux.

II

Nous imitons, horreur ! la toupie et la boule
Dans leur valse et leurs bonds ; même dans nos sommeils
La Curiosité nous tourmente et nous roule,
28 Comme un Ange cruel qui fouette des soleils.

Singulière fortune où le but se déplace,
Et, n'étant nulle part, peut être n'importe où !
Où l'Homme, dont jamais l'espérance n'est lasse,
32 Pour trouver le repos court toujours comme un fou !

Notre âme est un trois-mâts cherchant son Icarie[1] ;
Une voix retentit sur le pont : « Ouvre l'œil ! »
Une voix de la hune, ardente et folle, crie :
36 « Amour... gloire... bonheur ! » Enfer ! c'est un écueil !

Chaque îlot signalé par l'homme de vigie
Est un Eldorado[2] promis par le Destin ;
L'Imagination qui dresse son orgie
40 Ne trouve qu'un récif aux clartés du matin.

Ô le pauvre amoureux des pays chimériques !
Faut-il le mettre aux fers, le jeter à la mer,
Ce matelot ivrogne, inventeur d'Amériques
44 Dont le mirage rend le gouffre plus amer ?

Tel le vieux vagabond, piétinant dans la boue,
Rêve, le nez en l'air, de brillants paradis ;
Son œil ensorcelé découvre une Capoue[3]
48 Partout où la chandelle illumine un taudis.

---

1. Île grecque.
2. Contrée fabuleuse regorgeant d'or.
3. Ville d'Italie.

III

Étonnants voyageurs ! quelles nobles histoires
Nous lisons dans vos yeux profonds comme les mers !
Montrez-nous les écrins de vos riches mémoires,
52 Ces bijoux merveilleux, faits d'astres et d'éthers.

Nous voulons voyager sans vapeur et sans voile !
Faites, pour égayer l'ennui de nos prisons,
Passer sur nos esprits, tendus comme une toile,
56 Vos souvenirs avec leurs cadres d'horizons.

Dites, qu'avez-vous vu ?

IV

                  « Nous avons vu des astres
Et des flots, nous avons vu des sables aussi ;
Et, malgré bien des chocs et d'imprévus désastres,
60 Nous nous sommes souvent ennuyés, comme ici.

« La gloire du soleil sur la mer violette,
La gloire des cités dans le soleil couchant,
Allumaient dans nos cœurs une ardeur inquiète
64 De plonger dans un ciel au reflet alléchant.

« Les plus riches cités, les plus grands paysages,
Jamais ne contenaient l'attrait mystérieux
De ceux que le hasard fait avec les nuages.
68 Et toujours le désir nous rendait soucieux !

« — La jouissance ajoute au désir de la force.
Désir, vieil arbre à qui le plaisir sert d'engrais,
Cependant que grossit et durcit ton écorce,
72 Tes branches veulent voir le soleil de plus près !

« Grandiras-tu toujours, grand arbre plus vivace
Que le cyprès[1]? – Pourtant nous avons, avec soin,
Cueilli quelques croquis pour votre album vorace,
76 Frères qui trouvez beau tout ce qui vient de loin !

« Nous avons salué des idoles à trompe[2];
Des trônes constellés de joyaux lumineux;
Des palais ouvragés dont la féerique pompe
80 Serait pour vos banquiers un rêve ruineux;

« Des costumes qui sont pour les yeux une ivresse;
Des femmes dont les dents et les ongles sont teints,
Et des jongleurs savants que le serpent caresse. »

V

84 Et puis, et puis encore?

VI

                                  « Ô cerveaux enfantins !

« Pour ne pas oublier la chose capitale,
Nous avons vu partout, et sans l'avoir cherché,
Du haut jusques en bas de l'échelle fatale,
88 Le spectacle ennuyeux de l'immortel péché :

« La femme, esclave vile, orgueilleuse et stupide,
Sans rire s'adorant et s'aimant sans dégoût;
L'homme, tyran goulu[3], paillard[4], dur et cupide,
92 Esclave de l'esclave et ruisseau dans l'égout;

---

1. Arbre des cimetières.
2. Figures de Ganesha, divinité de l'Inde.
3. Glouton.
4. Vulgaire.

« Le bourreau qui jouit, le martyr qui sanglote ;
La fête qu'assaisonne et parfume le sang ;
Le poison du pouvoir énervant le despote,
96 Et le peuple amoureux du fouet abrutissant ;

« Plusieurs religions semblables à la nôtre,
Toutes escaladant le ciel ; la Sainteté,
Comme en un lit de plume un délicat se vautre,
100 Dans les clous et le crin cherchant la volupté ;

« L'Humanité bavarde, ivre de son génie,
Et, folle maintenant comme elle était jadis,
Criant à Dieu, dans sa furibonde agonie :
104 "Ô mon semblable, mon maître, je te maudis !"

« Et les moins sots, hardis amants de la Démence,
Fuyant le grand troupeau parqué par le Destin,
Et se réfugiant dans l'opium immense !
108 — Tel est du globe entier l'éternel bulletin. »

VII

Amer savoir, celui qu'on tire du voyage !
Le monde, monotone et petit, aujourd'hui,
Hier, demain, toujours, nous fait voir notre image :
112 Une oasis d'horreur dans un désert d'ennui !

Faut-il partir ? rester ? Si tu peux rester, reste ;
Pars, s'il le faut. L'un court, et l'autre se tapit
Pour tromper l'ennemi vigilant et funeste,
116 Le Temps ! Il est, hélas ! des coureurs sans répit,

Comme le Juif errant et comme les apôtres,
À qui rien ne suffit, ni wagon ni vaisseau,
Pour fuir ce rétiaire[1] infâme ; il en est d'autres
120 Qui savent le tuer sans quitter leur berceau.

---

1. Gladiateur.

Lorsque enfin il mettra le pied sur notre échine,
Nous pourrons espérer et crier : En avant !
De même qu'autrefois nous partions pour la Chine,
124 Les yeux fixés au large et les cheveux au vent,

Nous nous embarquerons sur la mer des Ténèbres
Avec le cœur joyeux d'un jeune passager.
Entendez-vous ces voix charmantes et funèbres,
128 Qui chantent : « Par ici ! vous qui voulez manger

« Le Lotus parfumé ! c'est ici qu'on vendange
Les fruits miraculeux dont votre cœur a faim ;
Venez vous enivrer de la douceur étrange
132 De cette après-midi qui n'a jamais de fin ! »

À l'accent familier nous devinons le spectre ;
Nos Pylades[1] là-bas tendent leurs bras vers nous.
« Pour rafraîchir ton cœur nage vers ton Électre[2] ! »
136 Dit celle dont jadis nous baisions les genoux.

VIII

Ô Mort, vieux capitaine, il est temps ! levons l'ancre !
Ce pays nous ennuie, ô Mort ! Appareillons !
Si le ciel et la mer sont noirs comme de l'encre,
140 Nos cœurs que tu connais sont remplis de rayons !

Verse-nous ton poison pour qu'il nous réconforte !
Nous voulons, tant ce feu nous brûle le cerveau,
Plonger au fond du gouffre, Enfer ou Ciel, qu'importe ?
144 Au fond de l'Inconnu pour trouver du *nouveau* !

---

1. De Pylade, cousin et ami d'Oreste.

2. Sœur d'Oreste.

CIV – L'ALBATROS

Souvent, pour s'amuser, les hommes d'équipage
Prennent des albatros, vastes oiseaux des mers,
Qui suivent, indolents compagnons de voyage,
4 Le navire glissant sur les gouffres amers.

À peine les ont-ils déposés sur les planches,
Que ces rois de l'azur, maladroits et honteux,
Laissent piteusement leurs grandes ailes blanches
8 Comme des avirons traîner à côté d'eux.

Ce voyageur ailé, comme il est gauche et veule[1] !
Lui, naguère si beau, qu'il est comique et laid !
L'un agace son bec avec un brûle-gueule[2],
12 L'autre mime, en boitant, l'infirme qui volait !

Le Poète est semblable au prince des nuées
Qui hante la tempête et se rit de l'archer ;
Exilé sur le sol au milieu des huées,
16 Ses ailes de géant l'empêchent de marcher.

CV – LE MASQUE

Statue allégorique dans le goût de la Renaissance

À Ernest Christophe, statuaire

Contemplons ce trésor de grâces florentines ;
Dans l'ondulation de ce corps musculeux
L'Élégance et la Force abondent, sœurs divines.

---

1. Faible, mou.
2. Pipe à tuyau très court.

Cette femme, morceau vraiment miraculeux,
5 Divinement robuste, adorablement mince,
Est faite pour trôner sur des lits somptueux
Et charmer les loisirs d'un pontife ou d'un prince.

– Aussi, vois ce souris[1] fin et voluptueux
Où la Fatuité[2] promène son extase;
10 Ce long regard sournois, langoureux et moqueur;
Ce visage mignard[3], tout encadré de gaze[4],
Dont chaque trait nous dit avec un air vainqueur:
«La Volupté m'appelle et l'Amour me couronne!»
À cet être doué de tant de majesté
15 Vois quel charme excitant la gentillesse donne!
Approchons, et tournons autour de sa beauté.

Ô blasphème de l'art! ô surprise fatale!
La femme au corps divin, promettant le bonheur,
Par le haut se termine en monstre bicéphale!

20 – Mais non! ce n'est qu'un masque, un décor suborneur[5],
Ce visage éclairé d'une exquise grimace,
Et, regarde, voici, crispée atrocement,
La véritable tête, et la sincère face
Renversée à l'abri de la face qui ment.

25 Pauvre grande beauté! le magnifique fleuve
De tes pleurs aboutit dans mon cœur soucieux;
Ton mensonge m'enivre, et mon âme s'abreuve
Aux flots que la Douleur fait jaillir de tes yeux!

– Mais pourquoi pleure-t-elle? Elle, beauté parfaite
30 Qui mettrait à ses pieds le genre humain vaincu,
Quel mal mystérieux ronge son flanc d'athlète?

---

1. Ancienne façon de désigner le mot *sourire*.

2. Satisfaction de soi-même qui s'étale d'une manière inconvenante.

3. Mignon.

4. Tissu très léger.

5. Séducteur.

    – Elle pleure, insensé, parce qu'elle a vécu !
    Et parce qu'elle vit ! Mais ce qu'elle déplore
    Surtout, ce qui la fait frémir jusqu'aux genoux,
35 C'est que demain, hélas ! il faudra vivre encore !
    Demain, après-demain et toujours ! – comme nous !

CVI – HYMNE À LA BEAUTÉ

    Viens-tu du ciel profond ou sors-tu de l'abîme,
    Ô Beauté ? ton regard, infernal et divin,
    Verse confusément le bienfait et le crime,
4 Et l'on peut pour cela te comparer au vin.

    Tu contiens dans ton œil le couchant et l'aurore ;
    Tu répands des parfums comme un soir orageux ;
    Tes baisers sont un philtre[1] et ta bouche une amphore
8 Qui font le héros lâche et l'enfant courageux.

    Sors-tu du gouffre noir ou descends-tu des astres ?
    Le Destin charmé suit tes jupons comme un chien ;
    Tu sèmes au hasard la joie et les désastres,
12 Et tu gouvernes tout et ne réponds de rien.

    Tu marches sur des morts, Beauté, dont tu te moques ;
    De tes bijoux l'Horreur n'est pas le moins charmant,
    Et le Meurtre, parmi tes plus chères breloques,
16 Sur ton ventre orgueilleux danse amoureusement.

    L'éphémère ébloui vole vers toi, chandelle,
    Crépite, flambe et dit : Bénissons ce flambeau !
    L'amoureux pantelant incliné sur sa belle
20 A l'air d'un moribond caressant son tombeau.

---

1. Breuvage magique destiné à inspirer l'amour.

Que tu viennes du ciel ou de l'enfer, qu'importe,
Ô Beauté! monstre énorme, effrayant, ingénu!
Si ton œil, ton souris[1], ton pied, m'ouvrent la porte
24 D'un Infini que j'aime et n'ai jamais connu?

De Satan ou de Dieu, qu'importe? Ange ou Sirène,
Qu'importe, si tu rends, – fée aux yeux de velours,
Rythme, parfum, lueur, ô mon unique reine! –
28 L'univers moins hideux et les instants moins lourds?

CVII – LA CHEVELURE

Ô toison, moutonnant jusque sur l'encolure!
Ô boucles! Ô parfum chargé de nonchaloir[2]!
Extase! Pour peupler ce soir l'alcôve obscure
Des souvenirs dormant dans cette chevelure,
5 Je la veux agiter dans l'air comme un mouchoir!

La langoureuse Asie et la brûlante Afrique,
Tout un monde lointain, absent, presque défunt,
Vit dans tes profondeurs, forêt aromatique!
Comme d'autres esprits voguent sur la musique,
10 Le mien, ô mon amour! nage sur ton parfum.

J'irai là-bas où l'arbre et l'homme, pleins de sève,
Se pâment longuement sous l'ardeur des climats;
Fortes tresses, soyez la houle qui m'enlève!
Tu contiens, mer d'ébène, un éblouissant rêve
15 De voiles, de rameurs, de flammes et de mâts:

---

1. Ancienne façon de désigner le mot *sourire*.
2. Nonchalance.

Un port retentissant où mon âme peut boire
À grands flots le parfum, le son et la couleur ;
Où les vaisseaux, glissant dans l'or et dans la moire[1],
Ouvrent leurs vastes bras pour embrasser la gloire
20 D'un ciel pur où frémit l'éternelle chaleur.

Je plongerai ma tête amoureuse d'ivresse
Dans ce noir océan où l'autre est enfermé ;
Et mon esprit subtil que le roulis caresse
Saura vous retrouver, ô féconde paresse !
25 Infinis bercements du loisir embaumé !

Cheveux bleus, pavillon de ténèbres tendues,
Vous me rendez l'azur du ciel immense et rond ;
Sur les bords duvetés de vos mèches tordues
Je m'enivre ardemment des senteurs confondues
30 De l'huile de coco, du musc[2] et du goudron.

Longtemps ! toujours ! ma main dans ta crinière lourde
Sèmera le rubis, la perle et le saphir,
Afin qu'à mon désir tu ne sois jamais sourde !
N'es-tu pas l'oasis où je rêve, et la gourde
35 Où je hume à longs traits le vin du souvenir ?

CVIII – DUELLUM[3]

Deux guerriers ont couru l'un sur l'autre ; leurs armes
Ont éclaboussé l'air de lueurs et de sang.
Ces jeux, ces cliquetis du fer sont les vacarmes
4 D'une jeunesse en proie à l'amour vagissant.

---

1. Sorte de tissu.

2. Substance forte provenant de glandes animales.

3. Mot latin signifiant « Guerre ».

Les glaives sont brisés! comme notre jeunesse,
Ma chère! Mais les dents, les ongles acérés,
Vengent bientôt l'épée et la dague traîtresse.
8 Ô fureur des cœurs mûrs par l'amour ulcérés!

Dans le ravin hanté des chats-pards[1] et des onces[2]
Nos héros, s'étreignant méchamment, ont roulé,
11 Et leur peau fleurira l'aridité des ronces.

– Ce gouffre, c'est l'enfer, de nos amis peuplé!
Roulons-y sans remords, amazone inhumaine,
14 Afin d'éterniser l'ardeur de notre haine!

CIX – LE POSSÉDÉ

Le soleil s'est couvert d'un crêpe[3]. Comme lui,
Ô Lune de ma vie! emmitoufle-toi d'ombre;
Dors ou fume à ton gré; sois muette, sois sombre,
4 Et plonge tout entière au gouffre de l'Ennui;

Je t'aime ainsi! Pourtant, si tu veux aujourd'hui,
Comme un astre éclipsé qui sort de la pénombre,
Te pavaner aux lieux que la Folie encombre,
8 C'est bien! Charmant poignard, jaillis de ton étui!

Allume ta prunelle à la flamme des lustres!
Allume le désir dans les regards des rustres!
11 Tout de toi m'est plaisir, morbide ou pétulant[4];

Sois ce que tu voudras, nuit noire, rouge aurore;
Il n'est pas une fibre en tout mon corps tremblant
14 Qui ne crie: *Ô mon cher Belzébuth*[5], *je t'adore!*

---

1. Lynx du Portugal.
2. Panthères d'Asie centrale.
3. Tissu noir, quelquefois signe de deuil.
4. Qui manifeste une ardeur exubérante.
5. Un des noms du Diable.

CX – UN FANTÔME

I – Les ténèbres

Dans les caveaux d'insondable tristesse
Où le Destin m'a déjà relégué ;
Où jamais n'entre un rayon rose et gai ;
4 Où, seul avec la Nuit, maussade hôtesse,

Je suis comme un peintre qu'un Dieu moqueur
Condamne à peindre, hélas ! sur les ténèbres ;
Où, cuisinier aux appétits funèbres,
8 Je fais bouillir et je mange mon cœur,

Par instants brille, et s'allonge, et s'étale
Un spectre fait de grâce et de splendeur.
11 À sa rêveuse allure orientale,

Quand il atteint sa totale grandeur,
Je reconnais ma belle visiteuse :
14 C'est Elle ! noire et pourtant lumineuse.

II – Le parfum

Lecteur, as-tu quelquefois respiré
Avec ivresse et lente gourmandise
Ce grain d'encens qui remplit une église,
4 Ou d'un sachet le musc[1] invétéré ?

Charme profond, magique, dont nous grise
Dans le présent le passé restauré !
Ainsi l'amant sur un corps adoré
8 Du souvenir cueille la fleur exquise.

De ses cheveux élastiques et lourds,
Vivant sachet, encensoir de l'alcôve,
11 Une senteur montait, sauvage et fauve,

---

1. Substance forte provenant de glandes animales.

Et des habits, mousseline ou velours,
Tout imprégnés de sa jeunesse pure,
14 Se dégageait un parfum de fourrure.

III – LE CADRE

Comme un beau cadre ajoute à la peinture,
Bien qu'elle soit d'un pinceau très vanté,
Je ne sais quoi d'étrange et d'enchanté
4 En l'isolant de l'immense nature,

Ainsi bijoux, meubles, métaux, dorure,
S'adaptaient juste à sa rare beauté ;
Rien n'offusquait sa parfaite clarté,
8 Et tout semblait lui servir de bordure.

Même on eût dit parfois qu'elle croyait
Que tout voulait l'aimer ; elle noyait
11 Sa nudité voluptueusement

Dans les baisers du satin et du linge,
Et, lente ou brusque, à chaque mouvement
14 Montrait la grâce enfantine du singe.

IV – LE PORTRAIT

La Maladie et la Mort font des cendres
De tout le feu qui pour nous flamboya.
De ces grands yeux si fervents et si tendres,
4 De cette bouche où mon cœur se noya,

De ces baisers puissants comme un dictame[1],
De ces transports plus vifs que des rayons,
Que reste-t-il ? C'est affreux, ô mon âme !
8 Rien qu'un dessin fort pâle, aux trois crayons,

---

1. Adoucissement, baume.

Qui, comme moi, meurt dans la solitude,
Et que le Temps, injurieux vieillard,
11 Chaque jour frotte avec son aile rude…

Noir assassin de la Vie et de l'Art,
Tu ne tueras jamais dans ma mémoire
14 Celle qui fut mon plaisir et ma gloire !

CXI – SEMPER EADEM[1]

« D'où vous vient, disiez-vous, cette tristesse étrange,
Montant comme la mer sur le roc noir et nu ? »
– Quand notre cœur a fait une fois sa vendange,
4 Vivre est un mal. C'est un secret de tous connu,

Une douleur très simple et non mystérieuse,
Et, comme votre joie, éclatante pour tous.
Cessez donc de chercher, ô belle curieuse !
8 Et, bien que votre voix soit douce, taisez-vous !

Taisez-vous, ignorante ! âme toujours ravie !
Bouche au rire enfantin ! Plus encor que la Vie,
11 La Mort nous tient souvent par des liens subtils.

Laissez, laissez mon cœur s'enivrer d'un *mensonge*,
Plonger dans vos beaux yeux comme dans un beau songe,
14 Et sommeiller longtemps à l'ombre de vos cils !

---

1. Expression latine signifiant « Toujours de la même façon ».

CXII – CHANT D'AUTOMNE

I

Bientôt nous plongerons dans les froides ténèbres ;
Adieu, vive clarté de nos étés trop courts !
J'entends déjà tomber avec des chocs funèbres
4 Le bois retentissant sur le pavé des cours.

Tout l'hiver va rentrer dans mon être : colère,
Haine, frissons, horreur, labeur dur et forcé,
Et, comme le soleil dans son enfer polaire,
8 Mon cœur ne sera plus qu'un bloc rouge et glacé.

J'écoute en frémissant chaque bûche qui tombe ;
L'échafaud qu'on bâtit n'a pas d'écho plus sourd.
Mon esprit est pareil à la tour qui succombe
12 Sous les coups du bélier infatigable et lourd.

Il me semble, bercé par ce choc monotone,
Qu'on cloue en grande hâte un cercueil quelque part.
Pour qui ? – C'était hier l'été ; voici l'automne !
16 Ce bruit mystérieux sonne comme un départ.

II

J'aime de vos longs yeux la lumière verdâtre,
Douce beauté, mais tout aujourd'hui m'est amer,
Et rien, ni votre amour, ni le boudoir, ni l'âtre,
20 Ne me vaut le soleil rayonnant sur la mer.

Et pourtant aimez-moi, tendre cœur ! soyez mère,
Même pour un ingrat, même pour un méchant ;
Amante ou sœur, soyez la douceur éphémère
24 D'un glorieux automne ou d'un soleil couchant.

Courte tâche ! La tombe attend ; elle est avide !
Ah ! laissez-moi, mon front posé sur vos genoux,
Goûter, en regrettant l'été blanc et torride,
28 De l'arrière-saison le rayon jaune et doux !

CXIII – À UNE MADONE

Ex-voto[1] dans le goût espagnol

Je veux bâtir pour toi, Madone, ma maîtresse,
Un autel souterrain au fond de ma détresse,
Et creuser dans le coin le plus noir de mon cœur,
Loin du désir mondain et du regard moqueur,
5 Une niche, d'azur et d'or tout émaillée,
Où tu te dresseras, Statue émerveillée.
Avec mes Vers polis, treillis d'un pur métal
Savamment constellé de rimes de cristal,
Je ferai pour ta tête une énorme Couronne ;
10 Et dans ma Jalousie, ô mortelle Madone,
Je saurai te tailler un Manteau, de façon
Barbare, roide et lourd, et doublé de soupçon,
Qui, comme une guérite[2], enfermera tes charmes ;
Non de Perles brodé, mais de toutes mes Larmes !
15 Ta Robe, ce sera mon Désir, frémissant,
Onduleux, mon Désir qui monte et qui descend,
Aux pointes se balance, aux vallons se repose,
Et revêt d'un baiser tout ton corps blanc et rose.
Je te ferai de mon Respect de beaux Souliers
20 De satin, par tes pieds divins humiliés,
Qui, les emprisonnant dans une molle étreinte,
Comme un moule fidèle en garderont l'empreinte.
Si je ne puis, malgré tout mon art diligent,
Pour Marchepied tailler une Lune d'argent,
25 Je mettrai le Serpent qui me mord les entrailles
Sous tes talons, afin que tu foules et railles,
Reine victorieuse et féconde en rachats,
Ce monstre tout gonflé de haine et de crachats.

---

1. Tableau ou objet arborant une formule de reconnaissance pour une faveur
obtenue et que l'on place dans une église.
2. Abri.

Tu verras mes Pensers[1], rangés comme les Cierges
30 Devant l'autel fleuri de la Reine des Vierges,
Étoilant de reflets le plafond peint en bleu,
Te regarder toujours avec des yeux de feu ;
Et comme tout en moi te chérit et t'admire,
Tout se fera Benjoin[2], Encens, Oliban[3], Myrrhe,
35 Et sans cesse vers toi, sommet blanc et neigeux,
En Vapeurs montera mon Esprit orageux.

Enfin, pour compléter ton rôle de Marie,
Et pour mêler l'amour avec la barbarie,
Volupté noire ! des sept Péchés capitaux,
40 Bourreau plein de remords, je ferai sept Couteaux
Bien affilés, et comme un jongleur insensible,
Prenant le plus profond de ton amour pour cible,
Je les planterai tous dans ton Cœur pantelant,
Dans ton Cœur sanglotant, dans ton Cœur ruisselant !

CXIV – CHANSON D'APRÈS-MIDI

Quoique tes sourcils méchants
Te donnent un air étrange
Qui n'est pas celui d'un ange,
4 Sorcière aux yeux alléchants,

Je t'adore, ô ma frivole,
Ma terrible passion !
Avec la dévotion
8 Du prêtre pour son idole.

Le désert et la forêt
Embaument tes tresses rudes,
Ta tête a les attitudes
12 De l'énigme et du secret.

---

1. Ancienne orthographe de *pensées.*
2. Substance parfumée provenant d'un arbre.
3. Gomme-résine appelée aussi *encens mâle.*

Sur ta chair le parfum rôde
Comme autour d'un encensoir ;
Tu charmes comme le soir
16 Nymphe[1] ténébreuse et chaude.

Ah ! les philtres[2] les plus forts
Ne valent pas ta paresse,
Et tu connais la caresse
20 Qui fait revivre les morts !

Tes hanches sont amoureuses
De ton dos et de tes seins,
Et tu ravis les coussins
24 Par tes poses langoureuses.

Quelquefois, pour apaiser
Ta rage mystérieuse,
Tu prodigues, sérieuse,
28 La morsure et le baiser ;

Tu me déchires, ma brune,
Avec un rire moqueur,
Et puis tu mets sur mon cœur
32 Ton œil doux comme la lune.

Sous tes souliers de satin,
Sous tes charmants pieds de soie,
Moi, je mets ma grande joie,
36 Mon génie et mon destin,

Mon âme par toi guérie,
Par toi, lumière et couleur !
Explosion de chaleur
40 Dans ma noire Sibérie !

---

1. Déesse.
2. Breuvages magiques destinés à inspirer l'amour.

CXV – SISINA[1]

Imaginez Diane[2] en galant équipage[3],
Parcourant les forêts ou battant les halliers[4],
Cheveux et gorge au vent, s'enivrant de tapage,
4 Superbe et défiant les meilleurs cavaliers!

Avez-vous vu Théroigne[5], amante du carnage,
Excitant à l'assaut un peuple sans souliers,
La joue et l'œil en feu, jouant son personnage,
8 Et montant, sabre au poing, les royaux escaliers?

Telle la Sisina! Mais la douce guerrière
A l'âme charitable autant que meurtrière;
11 Son courage, affolé de poudre et de tambours,

Devant les suppliants sait mettre bas les armes,
Et son cœur, ravagé par la flamme, a toujours,
14 Pour qui s'en montre digne, un réservoir de larmes.

CXVI – SONNET D'AUTOMNE

Ils me disent, tes yeux, clairs comme le cristal:
« Pour toi, bizarre amant, quel est donc mon mérite? »
– Sois charmante et tais-toi! Mon cœur, que tout irrite,
4 Excepté la candeur de l'antique animal,

Ne veut pas te montrer son secret infernal,
Berceuse dont la main aux longs sommeils m'invite,
Ni sa noire légende avec la flamme écrite.
8 Je hais la passion et l'esprit me fait mal!

---

1. Élisa Nieri ou Neri, femme qui a inspiré Baudelaire.
2. Déesse.
3. Avec les plus beaux chevaux.
4. Groupes de buissons touffus.
5. Théroigne de Méricourt (1762-1817): révolutionnaire française surnommée *L'amazone de la liberté.*

Aimons-nous doucement. L'Amour dans sa guérite[1],
Ténébreux, embusqué, bande son arc fatal.
11 Je connais les engins de son vieil arsenal :

Crime, horreur et folie ! – Ô pâle marguerite !
Comme moi n'es-tu pas un soleil automnal,
14 Ô ma si blanche, ô ma si froide Marguerite ?

CXVII – UNE GRAVURE FANTASTIQUE[2]

Ce spectre singulier n'a pour toute toilette,
Grotesquement campé sur son front de squelette,
Qu'un diadème affreux sentant le carnaval.
Sans éperons, sans fouet, il essouffle un cheval,
5 Fantôme comme lui, rosse apocalyptique,
Qui bave des naseaux comme un épileptique.
Au travers de l'espace ils s'enfoncent tous deux,
Et foulent l'infini d'un sabot hasardeux.
Le cavalier promène un sabre qui flamboie
10 Sur les foules sans nom que sa monture broie,
Et parcourt, comme un prince inspectant sa maison,
Le cimetière immense et froid, sans horizon,
Où gisent, aux lueurs d'un soleil blanc et terne,
Les peuples de l'histoire ancienne et moderne.

CXVIII – OBSESSION

Grands bois, vous m'effrayez comme des cathédrales ;
Vous hurlez comme l'orgue ; et dans nos cœurs maudits,
Chambres d'éternel deuil où vibrent de vieux râles,
4 Répondent les échos de vos *De profundis*[3].

---

1. Abri.
2. Il s'agit de la gravure *Death on a pale horse,* de Joseph Haynes (1760-1829).
3. Prières pour les morts.

Je te hais, Océan ! tes bonds et tes tumultes,
Mon esprit les retrouve en lui ; ce rire amer
De l'homme vaincu, plein de sanglots et d'insultes,
8 Je l'entends dans le rire énorme de la mer.

Comme tu me plairais, ô nuit ! sans ces étoiles
Dont la lumière parle un langage connu !
11 Car je cherche le vide, et le noir, et le nu !

Mais les ténèbres sont elles-mêmes des toiles
Où vivent, jaillissant de mon œil par milliers,
14 Des êtres disparus aux regards familiers.

CXIX – LE GOÛT DU NÉANT

Morne esprit, autrefois amoureux de la lutte,
L'Espoir, dont l'éperon attisait ton ardeur,
Ne veut plus t'enfourcher ! Couche-toi sans pudeur,
Vieux cheval dont le pied à chaque obstacle bute.

5 Résigne-toi, mon cœur ; dors ton sommeil de brute.

Esprit vaincu, fourbu ! Pour toi, vieux maraudeur,
L'amour n'a plus de goût, non plus que la dispute ;
Adieu donc, chants du cuivre et soupirs de la flûte !
Plaisirs, ne tentez plus un cœur sombre et boudeur !

10 Le Printemps adorable a perdu son odeur !

Et le Temps m'engloutit minute par minute,
Comme la neige immense un corps pris de roideur ;
Je contemple d'en haut le globe en sa rondeur
Et je n'y cherche plus l'abri d'une cahute[1].

15 Avalanche, veux-tu m'emporter dans ta chute ?

---

1. Mauvaise hutte.

CXX – ALCHIMIE DE LA DOULEUR

L'un t'éclaire avec son ardeur,
L'autre en toi met son deuil, Nature!
Ce qui dit à l'un: Sépulture!
4 Dit à l'autre: Vie et splendeur!

Hermès[1] inconnu qui m'assistes
Et qui toujours m'intimidas,
Tu me rends l'égal de Midas[2],
8 Le plus triste des alchimistes;

Par toi je change l'or en fer
Et le paradis en enfer;
11 Dans le suaire des nuages

Je découvre un cadavre cher,
Et sur les célestes rivages
14 Je bâtis de grands sarcophages.

CXXI – HORREUR SYMPATHIQUE

De ce ciel bizarre et livide,
Tourmenté comme ton destin,
Quels pensers[3] dans ton âme vide
4 Descendent? réponds, libertin.

– Insatiablement avide
De l'obscur et de l'incertain,
Je ne geindrai pas comme Ovide[4]
8 Chassé du paradis latin.

---

1. Dieu grec, messager des Olympiens.
2. Tout ce que touchait ce roi se transformait en or.
3. Ancienne orthographe de *pensées*.
4. Le poète Ovide est banni de Rome pour immoralité dans *L'art d'aimer*.

Cieux déchirés comme des grèves,
En vous se mire mon orgueil;
11 Vos vastes nuages en deuil

Sont les corbillards de mes rêves,
Et vos lueurs sont le reflet
14 De l'Enfer où mon cœur se plaît.

CXXII – L'HORLOGE

HORLOGE! dieu sinistre, effrayant, impassible,
Dont le doigt nous menace et nous dit: «*Souviens-toi!*
Les vibrantes Douleurs dans ton cœur plein d'effroi
4 Se planteront bientôt comme dans une cible;

« Le Plaisir vaporeux fuira vers l'horizon
Ainsi qu'une sylphide[1] au fond de la coulisse;
Chaque instant te dévore un morceau du délice
8 À chaque homme accordé pour toute sa saison.

« Trois mille six cents fois par heure, la Seconde
Chuchote: *Souviens-toi!* – Rapide, avec sa voix
D'insecte, Maintenant dit: Je suis Autrefois,
12 Et j'ai pompé ta vie avec ma trompe immonde!

« *Remember! Souviens-toi,* prodigue! *Esto memor!*
(Mon gosier de métal parle toutes les langues.)
Les minutes, mortel folâtre, sont des gangues[2]
16 Qu'il ne faut pas lâcher sans en extraire l'or!

---

1. Génie féminin plein de grâce.
2. Substances qui entourent les pierres précieuses et les minerais.

«*Souviens-toi* que le Temps est un joueur avide
Qui gagne sans tricher, à tout coup! c'est la loi.
Le jour décroît; la nuit augmente; *souviens-toi!*
20 Le gouffre a toujours soif; la clepsydre[1] se vide.

« Tantôt sonnera l'heure où le divin Hasard,
Où l'auguste Vertu, ton épouse encor vierge,
Où le Repentir même (oh! la dernière auberge!),
24 Où tout te dira: Meurs, vieux lâche! il est trop tard!»

---

1. Horloge à eau.

CXXIII – PAYSAGE

Je veux, pour composer chastement mes églogues[1],
Coucher auprès du ciel, comme les astrologues,
Et, voisin des clochers, écouter en rêvant
Leurs hymnes solennels emportés par le vent.
5 Les deux mains au menton, du haut de ma mansarde[2],
Je verrai l'atelier qui chante et qui bavarde ;
Les tuyaux, les clochers, ces mâts de la cité,
Et les grands ciels qui font rêver d'éternité.

Il est doux, à travers les brumes, de voir naître
10 L'étoile dans l'azur, la lampe à la fenêtre,
Les fleuves de charbon monter au firmament
Et la lune verser son pâle enchantement.
Je verrai les printemps, les étés, les automnes ;
Et quand viendra l'hiver aux neiges monotones,
15 Je fermerai partout portières et volets
Pour bâtir dans la nuit mes féeriques palais.
Alors je rêverai des horizons bleuâtres,
Des jardins, des jets d'eau pleurant dans les albâtres[3],
Des baisers, des oiseaux chantant soir et matin,
20 Et tout ce que l'Idylle a de plus enfantin.
L'Émeute, tempêtant vainement à ma vitre,
Ne fera pas lever mon front de mon pupitre ;
Car je serai plongé dans cette volupté
D'évoquer le Printemps avec ma volonté,
25 De tirer un soleil de mon cœur, et de faire
De mes pensers[4] brûlants une tiède atmosphère.

---

1. Petits poèmes champêtres.
2. Petite chambre dans les hauteurs.
3. Objets d'art (coupes, statuettes) en albâtre, une pierre souvent blanche.
4. Ancienne orthographe de *pensées*.

CXXIV – LE CYGNE

À Victor Hugo

I

Andromaque[1], je pense à vous ! Ce petit fleuve,
Pauvre et triste miroir où jadis resplendit
L'immense majesté de vos douleurs de veuve,
4 Ce Simoïs[2] menteur qui par vos pleurs grandit,

A fécondé soudain ma mémoire fertile,
Comme je traversais le nouveau Carrousel[3].
Le vieux Paris n'est plus (la forme d'une ville
8 Change plus vite, hélas ! que le cœur d'un mortel).

Je ne vois qu'en esprit tout ce camp de baraques,
Ces tas de chapiteaux ébauchés et de fûts,
Les herbes, les gros blocs verdis par l'eau des flaques,
12 Et, brillant aux carreaux, le bric-à-brac confus.

Là s'étalait jadis une ménagerie ;
Là je vis, un matin, à l'heure où sous les cieux
Froids et clairs le Travail s'éveille, où la voirie
16 Pousse un sombre ouragan dans l'air silencieux,

Un cygne qui s'était évadé de sa cage,
Et, de ses pieds palmés frottant le pavé sec,
Sur le sol raboteux traînait son blanc plumage.
20 Près d'un ruisseau sans eau la bête ouvrant le bec

Baignait nerveusement ses ailes dans la poudre[4],
Et disait, le cœur plein de son beau lac natal :
« Eau, quand donc pleuvras-tu ? quand tonneras-tu,
[foudre ? »
24 Je vois ce malheureux, mythe étrange et fatal,

---

1. Veuve, elle sauva son fils en épousant un ennemi.
2. Fleuve de Troie.
3. Arc de triomphe érigé à Paris de 1806 à 1808.
4. Poussière.

Vers le ciel quelquefois, comme l'homme d'Ovide[1],
Vers le ciel ironique et cruellement bleu,
Sur son cou convulsif tendant sa tête avide,
28 Comme s'il adressait des reproches à Dieu!

II

Paris change! mais rien dans ma mélancolie
N'a bougé! palais neufs, échafaudages, blocs,
Vieux faubourgs, tout pour moi devient allégorie,
32 Et mes chers souvenirs sont plus lourds que des rocs.

Aussi devant ce Louvre une image m'opprime:
Je pense à mon grand cygne, avec ses gestes fous,
Comme les exilés, ridicule et sublime,
36 Et rongé d'un désir sans trêve! et puis à vous,

Andromaque, des bras d'un grand époux tombée,
Vil bétail, sous la main du superbe[2] Pyrrhus[3],
Auprès d'un tombeau vide en extase courbée;
40 Veuve d'Hector[4], hélas! et femme d'Hélénus[5]!

Je pense à la négresse, amaigrie et phtisique[6],
Piétinant dans la boue, et cherchant, l'œil hagard,
Les cocotiers absents de la superbe Afrique
44 Derrière la muraille immense du brouillard;

À quiconque a perdu ce qui ne se retrouve
Jamais, jamais! à ceux qui s'abreuvent de pleurs
Et tètent la Douleur comme une bonne louve[7]!
48 Aux maigres orphelins séchant comme des fleurs!

---

1. Poète latin ayant beaucoup écrit sur l'amour.
2. Orgueilleux.
3. C'est sous le règne de ce roi qu'Andromaque fut faite prisonnière.
4. Époux d'Andromaque massacré à Troie.
5. L'esclave de Pyrrhus qui épousa Andromaque.
6. Très malade des poumons.
7. Allusion à la louve ayant nourri Romulus et Rémus, fondateurs de Rome.

Ainsi dans la forêt où mon esprit s'exile
Un vieux Souvenir sonne à plein souffle du cor !
Je pense aux matelots oubliés dans une île,
52 Aux captifs, aux vaincus !… à bien d'autres encor !

CXXV – LES SEPT VIEILLARDS

À Victor Hugo

Fourmillante cité, cité pleine de rêves,
Où le spectre en plein jour raccroche le passant !
Les mystères partout coulent comme des sèves
4 Dans les canaux étroits du colosse puissant.

Un matin, cependant que dans la triste rue
Les maisons, dont la brume allongeait la hauteur,
Simulaient les deux quais d'une rivière accrue,
8 Et que, décor semblable à l'âme de l'acteur,

Un brouillard sale et jaune inondait tout l'espace,
Je suivais, roidissant[1] mes nerfs comme un héros
Et discutant avec mon âme déjà lasse,
12 Le faubourg secoué par les lourds tombereaux[2].

Tout à coup, un vieillard dont les guenilles jaunes
Imitaient la couleur de ce ciel pluvieux,
Et dont l'aspect aurait fait pleuvoir les aumônes,
16 Sans la méchanceté qui luisait dans ses yeux,

M'apparut. On eût dit sa prunelle trempée
Dans le fiel[3] ; son regard aiguisait les frimas,
Et sa barbe à longs poils, roide comme une épée,
20 Se projetait, pareille à celle de Judas.

---

1. Raidissant.
2. Voitures transportant des charges.
3. Amertume qui s'accompagne de mauvaise humeur.

Il n'était pas voûté, mais cassé, son échine
Faisant avec sa jambe un parfait angle droit,
Si bien que son bâton, parachevant sa mine,
24 Lui donnait la tournure et le pas maladroit

D'un quadrupède infirme ou d'un juif à trois pattes.
Dans la neige et la boue il allait s'empêtrant,
Comme s'il écrasait des morts sous ses savates,
28 Hostile à l'univers plutôt qu'indifférent.

Son pareil le suivait : barbe, œil, dos, bâton, loques,
Nul trait ne distinguait, du même enfer venu,
Ce jumeau centenaire, et ces spectres baroques
32 Marchaient du même pas vers un but inconnu.

À quel complot infâme étais-je donc en butte,
Ou quel méchant hasard ainsi m'humiliait ?
Car je comptai sept fois, de minute en minute,
36 Ce sinistre vieillard qui se multipliait !

Que celui-là qui rit de mon inquiétude,
Et qui n'est pas saisi d'un frisson fraternel,
Songe bien que malgré tant de décrépitude
40 Ces sept monstres hideux avaient l'air éternel !

Aurais-je, sans mourir, contemplé le huitième,
Sosie inexorable, ironique et fatal,
Dégoûtant Phénix[1], fils et père de lui-même ?
44 — Mais je tournai le dos au cortège infernal.

Exaspéré comme un ivrogne qui voit double,
Je rentrai, je fermai ma porte, épouvanté,
Malade et morfondu, l'esprit fiévreux et trouble,
48 Blessé par le mystère et par l'absurdité !

---

1. Oiseau ayant le pouvoir de renaître de ses cendres.

Vainement ma raison voulait prendre la barre ;
La tempête en jouant déroutait ses efforts,
Et mon âme dansait, dansait, vieille gabarre[1]
52 Sans mâts, sur une mer monstrueuse et sans bords !

CXXVI – LES PETITES VIEILLES

À Victor Hugo

I

Dans les plis sinueux des vieilles capitales,
Où tout, même l'horreur, tourne aux enchantements,
Je guette, obéissant à mes humeurs fatales,
4 Des êtres singuliers, décrépits et charmants.

Ces monstres disloqués furent jadis des femmes,
Éponine[2] ou Laïs[3] ! Monstres brisés, bossus
Ou tordus, aimons-les ! ce sont encor des âmes.
8 Sous des jupons troués et sous de froids tissus

Ils rampent, flagellés par les bises iniques[4],
Frémissant au fracas roulant des omnibus,
Et serrant sur leur flanc, ainsi que des reliques,
12 Un petit sac brodé de fleurs ou de rébus[5] ;

Ils trottent, tout pareils à des marionnettes ;
Se traînent, comme font les animaux blessés,
Ou dansent, sans vouloir danser, pauvres sonnettes
16 Où se pend un Démon sans pitié ! Tout cassés

---

1. Bateau servant au transport des marchandises.
2. Héroïne gauloise.
3. Courtisane grecque.
4. Très injustes.
5. Suite de dessins formant une énigme.

Qu'ils sont, ils ont des yeux perçants comme une vrille,
Luisants comme ces trous où l'eau dort dans la nuit ;
Ils ont les yeux divins de la petite fille
20 Qui s'étonne et qui rit à tout ce qui reluit.

– Avez-vous observé que maints cercueils de vieilles
Sont presque aussi petits que celui d'un enfant ?
La Mort savante met dans ces bières[1] pareilles
24 Un symbole d'un goût bizarre et captivant,

Et lorsque j'entrevois un fantôme débile[2]
Traversant de Paris le fourmillant tableau,
Il me semble toujours que cet être fragile
28 S'en va tout doucement vers un nouveau berceau ;

À moins que, méditant sur la géométrie,
Je ne cherche, à l'aspect de ces membres discords[3],
Combien de fois il faut que l'ouvrier varie
32 La forme de la boîte où l'on met tous ces corps.

– Ces yeux sont des puits faits d'un million de larmes,
Des creusets qu'un métal refroidi pailleta…
Ces yeux mystérieux ont d'invincibles charmes
36 Pour celui que l'austère Infortune allaita !

II

De Frascati[4] défunt Vestale[5] enamourée[6] ;
Prêtresse de Thalie[7], hélas ! dont le souffleur
Enterré sait le nom ; célèbre évaporée
40 Que Tivoli[8] jadis ombragea dans sa fleur,

---

1. Caisses où l'on enferme les morts.
2. Faible.
3. Qui manquent d'accord, d'unité.
4. Lieu de villégiature italien.
5. Prêtresse chaste.
6. Amoureuse.
7. L'une des neuf muses.
8. Ville d'Italie célèbre pour ses jardins et fontaines.

Toutes m'enivrent ; mais parmi ces êtres frêles
Il en est qui, faisant de la douleur un miel,
Ont dit au Dévouement qui leur prêtait ses ailes :
44 Hippogriffe[1] puissant, mène-moi jusqu'au ciel !

L'une, par sa patrie au malheur exercée,
L'autre, que son époux surchargea de douleurs,
L'autre, par son enfant Madone transpercée,
48 Toutes auraient pu faire un fleuve avec leurs pleurs !

III

Ah ! que j'en ai suivi de ces petites vieilles !
Une, entre autres, à l'heure où le soleil tombant
Ensanglante le ciel de blessures vermeilles,
52 Pensive, s'asseyait à l'écart sur un banc,

Pour entendre un de ces concerts, riches de cuivre,
Dont les soldats parfois inondent nos jardins,
Et qui, dans ces soirs d'or où l'on se sent revivre,
56 Versent quelque héroïsme au cœur des citadins.

Celle-là, droite encor, fière et sentant la règle,
Humait avidement ce chant vif et guerrier ;
Son œil parfois s'ouvrait comme l'œil d'un vieil aigle ;
60 Son front de marbre avait l'air fait pour le laurier !

IV

Telles vous cheminez, stoïques et sans plaintes,
À travers le chaos des vivantes cités,
Mères au cœur saignant, courtisanes ou saintes,
64 Dont autrefois les noms par tous étaient cités.

---

1. Animal fabuleux, moitié cheval, moitié griffon.

Vous qui fûtes la grâce ou qui fûtes la gloire,
Nul ne vous reconnaît! un ivrogne incivil
Vous insulte en passant d'un amour dérisoire;
68 Sur vos talons gambade un enfant lâche et vil.

Honteuses d'exister, ombres ratatinées,
Peureuses, le dos bas, vous côtoyez les murs;
Et nul ne vous salue, étranges destinées!
72 Débris d'humanité pour l'éternité mûrs!

Mais moi, moi qui de loin tendrement vous surveille,
L'œil inquiet, fixé sur vos pas incertains,
Tout comme si j'étais votre père, ô merveille!
76 Je goûte à votre insu des plaisirs clandestins:

Je vois s'épanouir vos passions novices;
Sombres ou lumineux, je vis vos jours perdus;
Mon cœur multiplié jouit de tous vos vices!
80 Mon âme resplendit de toutes vos vertus!

Ruines! ma famille! ô cerveaux congénères!
Je vous fais chaque soir un solennel adieu!
Où serez-vous demain, Èves octogénaires,
84 Sur qui pèse la griffe effroyable de Dieu?

CXXVII – LES AVEUGLES

Contemple-les, mon âme; ils sont vraiment affreux!
Pareils aux mannequins; vaguement ridicules;
Terribles, singuliers comme les somnambules;
4 Dardant on ne sait où leurs globes ténébreux.

Leurs yeux, d'où la divine étincelle est partie,
Comme s'ils regardaient au loin, restent levés
Au ciel; on ne les voit jamais vers les pavés
8 Pencher rêveusement leur tête appesantie.

Ils traversent ainsi le noir illimité,
Ce frère du silence éternel. Ô cité !
11 Pendant qu'autour de nous tu chantes, ris et beugles,

Éprise du plaisir jusqu'à l'atrocité,
Vois ! je me traîne aussi ! mais, plus qu'eux hébété,
14 Je dis : Que cherchent-ils au Ciel, tous ces aveugles ?

CXXVIII – À UNE PASSANTE

La rue assourdissante autour de moi hurlait.
Longue, mince, en grand deuil, douleur majestueuse,
Une femme passa, d'une main fastueuse
4 Soulevant, balançant le feston[1] et l'ourlet ;

Agile et noble, avec sa jambe de statue.
Moi, je buvais, crispé comme un extravagant,
Dans son œil, ciel livide où germe l'ouragan,
8 La douceur qui fascine et le plaisir qui tue.

Un éclair… puis la nuit ! – Fugitive beauté
Dont le regard m'a fait soudainement renaître,
11 Ne te verrai-je plus que dans l'éternité ?

Ailleurs, bien loin d'ici ! trop tard ! *jamais* peut-être !
Car j'ignore où tu fuis, tu ne sais où je vais,
14 Ô toi que j'eusse aimée, ô toi qui le savais !

CXXIX – LE SQUELETTE LABOUREUR

I

Dans les planches d'anatomie
Qui traînent sur ces quais poudreux[2]
Où maint livre cadavéreux
4 Dort comme une antique momie,

---

1. Bordure brodée.
2. Poussiéreux.

Dessins auxquels la gravité
Et le savoir d'un vieil artiste,
Bien que le sujet en soit triste,
8 Ont communiqué la Beauté,

On voit, ce qui rend plus complètes
Ces mystérieuses horreurs,
Bêchant comme des laboureurs,
12 Des Écorchés et des Squelettes.

II

De ce terrain que vous fouillez,
Manants[1] résignés et funèbres,
De tout l'effort de vos vertèbres,
16 Ou de vos muscles dépouillés,

Dites, quelle moisson étrange,
Forçats arrachés au charnier,
Tirez-vous, et de quel fermier
20 Avez-vous à remplir la grange?

Voulez-vous (d'un destin trop dur
Épouvantable et clair emblème!)
Montrer que dans la fosse même
24 Le sommeil promis n'est pas sûr;

Qu'envers nous le Néant est traître;
Que tout, même la Mort, nous ment,
Et que sempiternellement,
28 Hélas! il nous faudra peut-être

Dans quelque pays inconnu
Écorcher la terre revêche
Et pousser une lourde bêche
32 Sous notre pied sanglant et nu?

---

1. Paysans.

CXXX – DANSE MACABRE

À Ernest Christophe

Fière, autant qu'un vivant, de sa noble stature,
Avec son gros bouquet, son mouchoir et ses gants,
Elle a la nonchalance et la désinvolture
4 D'une coquette maigre aux airs extravagants.

Vit-on jamais au bal une taille plus mince ?
Sa robe exagérée, en sa royale ampleur,
S'écroule abondamment sur un pied sec que pince
8 Un soulier pomponné, joli comme une fleur.

La ruche qui se joue au bord des clavicules,
Comme un ruisseau lascif qui se frotte au rocher,
Défend pudiquement des lazzi[1] ridicules
12 Les funèbres appas[2] qu'elle tient à cacher.

Ses yeux profonds sont faits de vide et de ténèbres,
Et son crâne, de fleurs artistement coiffé,
Oscille mollement sur ses frêles vertèbres.
16 Ô charme d'un néant follement attifé[3] !

Aucuns[4] t'appelleront une caricature,
Qui ne comprennent pas, amants ivres de chair,
L'élégance sans nom de l'humaine armature.
20 Tu réponds, grand squelette, à mon goût le plus cher !

Viens-tu troubler, avec ta puissante grimace,
La fête de la Vie ? ou quelque vieux désir,
Éperonnant encor ta vivante carcasse,
24 Te pousse-t-il, crédule, au sabbat du Plaisir ?

---

1. Plaisanteries.
2. Ancienne orthographe de *appâts* (attraits, charmes).
3. Habillé.
4. Certains, plusieurs, d'aucuns.

Au chant des violons, aux flammes des bougies,
Espères-tu chasser ton cauchemar moqueur,
Et viens-tu demander au torrent des orgies
28 De rafraîchir l'enfer allumé dans ton cœur?

Inépuisable puits de sottise et de fautes!
De l'antique douleur éternel alambic!
À travers le treillis recourbé de tes côtes
32 Je vois, errant encor, l'insatiable aspic[1].

Pour dire vrai, je crains que ta coquetterie
Ne trouve pas un prix digne de ses efforts;
Qui, de ces cœurs mortels, entend la raillerie?
36 Les charmes de l'horreur n'enivrent que les forts!

Le gouffre de tes yeux, plein d'horribles pensées,
Exhale le vertige, et les danseurs prudents
Ne contempleront pas sans d'amères nausées
40 Le sourire éternel de tes trente-deux dents.

Pourtant, qui n'a serré dans ses bras un squelette,
Et qui ne s'est nourri des choses du tombeau?
Qu'importe le parfum, l'habit ou la toilette?
44 Qui fait le dégoûté montre qu'il se croit beau.

Bayadère[2] sans nez, irrésistible gouge[3],
Dis donc à ces danseurs qui font les offusqués:
« Fiers mignons, malgré l'art des poudres et du rouge
48 Vous sentez tous la mort! Ô squelettes musqués[4],

---

1. Serpent venimeux.
2. Danseuse sacrée de l'Inde.
3. Fille (dans le Midi).
4. Parfumés au musc, une substance forte provenant de glandes animales.

« Antinoüs[1] flétris, dandys[2] à face glabre,
Cadavres vernissés, lovelaces[3] chenus[4],
Le branle universel de la danse macabre
52 Vous entraîne en des lieux qui ne sont pas connus !

« Des quais froids de la Seine aux bords brûlants du Gange,
Le troupeau mortel saute et se pâme, sans voir
Dans un trou du plafond la trompette de l'Ange
56 Sinistrement béante ainsi qu'un tromblon[5] noir.

« En tout climat, sous tout soleil, la Mort t'admire
En tes contorsions, risible Humanité,
Et souvent, comme toi, se parfumant de myrrhe,
60 Mêle son ironie à ton insanité ! »

CXXXI – L'AMOUR DU MENSONGE

Quand je te vois passer, ô ma chère indolente,
Au chant des instruments qui se brise au plafond
Suspendant ton allure harmonieuse et lente,
4 Et promenant l'ennui de ton regard profond ;

Quand je contemple, aux feux du gaz qui le colore,
Ton front pâle, embelli par un morbide attrait,
Où les torches du soir allument une aurore,
8 Et tes yeux attirants comme ceux d'un portrait,

Je me dis : Qu'elle est belle ! et bizarrement fraîche !
Le souvenir massif, royale et lourde tour,
La couronne, et son cœur, meurtri comme une pêche,
12 Est mûr, comme son corps, pour le savant amour.

---

1. Nom d'un bel esclave, favori de l'empereur Hadrien.
2. Hommes élégants.
3. Séducteurs.
4. Blancs de vieillesse.
5. Fusil au canon en forme d'entonnoir.

Es-tu le fruit d'automne aux saveurs souveraines?
Es-tu vase funèbre attendant quelques pleurs,
Parfum qui fait rêver aux oasis lointaines,
16 Oreiller caressant, ou corbeille de fleurs?

Je sais qu'il est des yeux, des plus mélancoliques,
Qui ne recèlent point de secrets précieux;
Beaux écrins sans joyaux, médaillons sans reliques,
20 Plus vides, plus profonds que vous-mêmes, ô Cieux!

Mais ne suffit-il pas que tu sois l'apparence,
Pour réjouir un cœur qui fuit la vérité?
Qu'importe ta bêtise ou ton indifférence?
24 Masque ou décor, salut! J'adore ta beauté.

CXXXII – RÊVE PARISIEN

À Constantin Guys

I

De ce terrible paysage,
Tel que jamais mortel n'en vit,
Ce matin encore l'image,
4 Vague et lointaine, me ravit.

Le sommeil est plein de miracles!
Par un caprice singulier,
J'avais banni de ces spectacles
8 Le végétal irrégulier,

Et, peintre fier de mon génie,
Je savourais dans mon tableau
L'enivrante monotonie
12 Du métal, du marbre et de l'eau.

Babel[1] d'escaliers et d'arcades,
C'était un palais infini,
Plein de bassins et de cascades
16 Tombant dans l'or mat ou bruni ;

Et des cataractes[2] pesantes,
Comme des rideaux de cristal,
Se suspendaient, éblouissantes,
20 À des murailles de métal.

Non d'arbres, mais de colonnades
Les étangs dormants s'entouraient,
Où de gigantesques naïades[3],
24 Comme des femmes, se miraient.

Des nappes d'eau s'épanchaient, bleues,
Entre des quais roses et verts,
Pendant des millions de lieues,
28 Vers les confins de l'univers ;

C'étaient des pierres inouïes
Et des flots magiques ; c'étaient
D'immenses glaces éblouies
32 Par tout ce qu'elles reflétaient !

Insouciants et taciturnes,
Des Ganges[4], dans le firmament,
Versaient le trésor de leurs urnes
36 Dans des gouffres de diamant.

Architecte de mes féeries,
Je faisais, à ma volonté,
Sous un tunnel de pierreries
40 Passer un océan dompté ;

---

1. Dans la Bible, les hommes ont construit la tour de Babel pour se rapprocher des cieux.
2. Chutes d'eau.
3. Divinités des rivières.
4. Gange : fleuve de l'Inde.

Et tout, même la couleur noire,
Semblait fourbi[1], clair, irisé;
Le liquide enchâssait sa gloire
44 Dans le rayon cristallisé.

Nul astre d'ailleurs, nuls vestiges
De soleil, même au bas du ciel,
Pour illuminer ces prodiges,
48 Qui brillaient d'un feu personnel!

Et sur ces mouvantes merveilles
Planait (terrible nouveauté!
Tout pour l'œil, rien pour les oreilles!)
52 Un silence d'éternité.

II

En rouvrant mes yeux pleins de flamme
J'ai vu l'horreur de mon taudis,
Et senti, rentrant dans mon âme,
56 La pointe des soucis maudits;

La pendule aux accents funèbres
Sonnait brutalement midi,
Et le ciel versait des ténèbres
60 Sur le triste monde engourdi.

---

1. Brillant.

CXXXIII – LE COUCHER DU SOLEIL ROMANTIQUE

Que le soleil est beau quand tout frais il se lève,
Comme une explosion nous lançant son bonjour !
– Bienheureux celui-là qui peut avec amour
4 Saluer son coucher plus glorieux qu'un rêve !

Je me souviens !… J'ai vu tout, fleur, source, sillon,
Se pâmer sous son œil comme un cœur qui palpite…
– Courons vers l'horizon, il est tard, courons vite,
8 Pour attraper au moins un oblique rayon !

Mais je poursuis en vain le Dieu qui se retire ;
L'irrésistible Nuit établit son empire,
11 Noire, humide, funeste et pleine de frissons ;

Une odeur de tombeau dans les ténèbres nage,
Et mon pied peureux froisse, au bord du marécage,
14 Des crapauds imprévus et de froids limaçons.

CXXXIV – LE JET D'EAU

Tes beaux yeux sont las, pauvre amante !
Reste longtemps, sans les rouvrir,
Dans cette pose nonchalante
4 Où t'a surprise le plaisir.
Dans la cour le jet d'eau qui jase
Et ne se tait ni nuit ni jour,
Entretient doucement l'extase
8 Où ce soir m'a plongé l'amour.

La gerbe épanouie
En mille fleurs,
Où Phœbé[1] réjouie
12   Met ses couleurs,
Tombe comme une pluie
De larges pleurs.

Ainsi ton âme qu'incendie
16   L'éclair brûlant des voluptés
S'élance, rapide et hardie,
Vers les vastes cieux enchantés.
Puis, elle s'épanche, mourante,
20   En un flot de triste langueur,
Qui par une invisible pente
Descend jusqu'au fond de mon cœur.

La gerbe épanouie
24   En mille fleurs,
Où Phœbé réjouie
Met ses couleurs,
Tombe comme une pluie
28   De larges pleurs.

Ô toi, que la nuit rend si belle,
Qu'il m'est doux, penché vers tes seins,
D'écouter la plainte éternelle
32   Qui sanglote dans les bassins !
Lune, eau sonore, nuit bénie,
Arbres qui frissonnez autour,
Votre pure mélancolie
36   Est le miroir de mon amour.

---

1. Diane, et la lune.

La gerbe épanouie
En mille fleurs,
Où Phœbé réjouie
40   Met ses couleurs,
Tombe comme une pluie
De larges pleurs.

CXXXV – LES YEUX DE BERTHE

Vous pouvez mépriser les yeux les plus célèbres,
Beaux yeux de mon enfant, par où filtre et s'enfuit
Je ne sais quoi de bon, de doux comme la Nuit !
4 Beaux yeux, versez sur moi vos charmantes ténèbres !

Grands yeux de mon enfant, arcanes[1] adorés,
Vous ressemblez beaucoup à ces grottes magiques
Où, derrière l'amas des ombres léthargiques,
8 Scintillent vaguement des trésors ignorés !

Mon enfant a des yeux obscurs, profonds et vastes,
Comme toi, Nuit immense, éclairés comme toi !
Leurs feux sont ces pensers[2] d'Amour, mêlés de Foi,
12 Qui pétillent au fond, voluptueux ou chastes.

CXXXVI – HYMNE

À la très chère, à la très belle
Qui remplit mon cœur de clarté,
À l'ange, à l'idole immortelle,
4 Salut en l'immortalité !

---

1. Mystères.
2. Ancienne orthographe de *pensées*.

Elle se répand dans ma vie
Comme un air imprégné de sel,
Et dans mon âme inassouvie
8 Verse le goût de l'éternel.

Sachet toujours frais qui parfume
L'atmosphère d'un cher réduit,
Encensoir oublié qui fume
12 En secret à travers la nuit,

Comment, amour incorruptible,
T'exprimer avec vérité?
Grain de musc[1] qui gis, invisible,
16 Au fond de mon éternité!

À la très bonne, à la très belle,
Qui fait ma joie et ma santé,
À l'ange, à l'idole immortelle,
20 Salut en l'immortalité!

CXXXVII – LES PROMESSES D'UN VISAGE

J'aime, ô pâle beauté, tes sourcils surbaissés,
    D'où semblent couler des ténèbres,
Tes yeux, quoique très noirs, m'inspirent des pensers[2]
4   Qui ne sont pas du tout funèbres.

Tes yeux, qui sont d'accord avec tes noirs cheveux,
    Avec ta crinière élastique,
Tes yeux, languissamment, me disent: « Si tu veux,
8   Amant de la muse plastique,

---

1. Substance forte provenant de glandes animales.
2. Ancienne orthographe de *pensées*.

« Suivre l'espoir qu'en toi nous avons excité,
　　　　Et tous les goûts que tu professes,
Tu pourras constater notre véracité
12　　　　　Depuis le nombril jusqu'aux fesses ;

« Tu trouveras au bout de deux beaux seins bien lourds,
　　　　Deux larges médailles de bronze,
Et sous un ventre uni, doux comme du velours,
16　　　　Bistré[1] comme la peau d'un bonze,

« Une riche toison qui, vraiment, est la sœur
　　　　De cette énorme chevelure,
Souple et frisée, et qui t'égale en épaisseur,
20　　　　Nuit sans étoiles, Nuit obscure ! »

CXXXVIII – LE MONSTRE

OU LE PARANYMPHE[2] D'UNE NYMPHE[3] MACABRE

I

Tu n'es certes pas, ma très chère,
Ce que Veuillot[4] nomme un tendron[5].
Le jeu, l'amour, la bonne chère,
Bouillonnent en toi, vieux chaudron !
5 Tu n'es plus fraîche, ma très chère,

Ma vieille infante[6] ! Et cependant
Tes caravanes insensées
T'ont donné ce lustre abondant
Des choses qui sont très usées,
10 Mais qui séduisent cependant.

---

1. Brun noirâtre.
2. Ami du marié dans l'Antiquité grecque.
3. Déesse.
4. Louis Veuillot (1813-1883) : journaliste catholique.
5. Très jeune fille.
6. Titre de noblesse.

Je ne trouve pas monotone
La verdeur de tes quarante ans ;
Je préfère tes fruits, Automne,
Aux fleurs banales du Printemps !
15 Non, tu n'es jamais monotone !

Ta carcasse a des agréments
Et des grâces particulières ;
Je trouve d'étranges piments
Dans le creux de tes deux salières ;
20 Ta carcasse a des agréments !

Nargue des amants ridicules
Du melon et du giraumont[1] !
Je préfère tes clavicules
À celles du roi Salomon[2],
25 Et je plains ces gens ridicules !

Tes cheveux, comme un casque bleu,
Ombragent ton front de guerrière,
Qui ne pense et rougit que peu,
Et puis se sauvent par derrière,
30 Comme les crins d'un casque bleu.

Tes yeux qui semblent de la boue,
Où scintille quelque fanal,
Ravivés au fard de ta joue,
Lancent un éclair infernal !
35 Tes yeux sont noirs comme la boue !

Par sa luxure et son dédain
Ta lèvre amère nous provoque ;
Cette lèvre, c'est un Éden[3]
Qui nous attire et qui nous choque.
40 Quelle luxure ! et quel dédain !

---

1. Courge d'Amérique.
2. Roi d'Israël très riche.
3. Paradis terrestre.

Ta jambe musculeuse et sèche
Sait gravir au haut des volcans,
Et malgré la neige et la dèche
Danser les plus fougueux cancans.
45 Ta jambe est musculeuse et sèche;

Ta peau brûlante et sans douceur,
Comme celle des vieux gendarmes,
Ne connaît pas plus la sueur
Que ton œil ne connaît les larmes.
50 (Et pourtant elle a sa douceur!)

II

Sotte, tu t'en vas droit au Diable!
Volontiers j'irais avec toi,
Si cette vitesse effroyable
Ne me causait pas quelque émoi.
55 Va-t'en donc, toute seule, au Diable!

Mon rein, mon poumon, mon jarret
Ne me laissent plus rendre hommage
À ce Seigneur, comme il faudrait.
« Hélas! c'est vraiment bien dommage! »
60 Disent mon rein et mon jarret.

Oh! très sincèrement je souffre
De ne pas aller aux sabbats,
Pour voir, quand il pète du soufre,
Comment tu lui baises son cas!
65 Oh! très sincèrement je souffre!

Je suis diablement affligé
De ne pas être ta torchère[1],
Et de te demander congé,
Flambeau d'enfer! Juge, ma chère,
70 Combien je dois être affligé,

---

1. Grand chandelier.

Puisque depuis longtemps je t'aime,
Étant très logique! En effet,
Voulant du Mal chercher la crème
Et n'aimer qu'un monstre parfait,
75 Vraiment oui! vieux monstre, je t'aime!

CXXXIX – VERS POUR LE PORTRAIT
DE M. HONORÉ DAUMIER[1]

Celui dont nous t'offrons l'image,
Et dont l'art, subtil entre tous,
Nous enseigne à rire de nous,
4 Celui-là, lecteur, est un sage.

C'est un satirique, un moqueur;
Mais l'énergie avec laquelle
Il peint le Mal et sa séquelle,
8 Prouve la beauté de son cœur.

Son rire n'est pas la grimace
De Melmoth[2] ou de Méphisto[3]
Sous la torche de l'Alecto[4]
12 Qui les brûle, mais qui nous glace.

Leur rire, hélas! de la gaîté
N'est que la douloureuse charge;
Le sien rayonne, franc et large,
16 Comme un signe de sa bonté!

---

1. Honoré Daumier (1808-1879): dessinateur et peintre français.

2. Homme errant (personnage de roman).

3. Satan.

4. Une des trois Furies.

CXL – LOLA DE VALENCE[1]

Entre tant de beautés que partout on peut voir,
Je comprends bien, amis, que le désir balance ;
Mais on voit scintiller en Lola de Valence
Le charme inattendu d'un bijou rose et noir.

CXLI – SUR *LE TASSE EN PRISON*[2] D'EUGÈNE DELACROIX

Le poète au cachot, débraillé, maladif,
Roulant un manuscrit sous son pied convulsif,
Mesure d'un regard que la terreur enflamme
4 L'escalier de vertige où s'abîme son âme.

Les rires enivrants dont s'emplit la prison
Vers l'étrange et l'absurde invitent sa raison ;
Le Doute l'environne, et la Peur ridicule,
8 Hideuse et multiforme, autour de lui circule.

Ce génie enfermé dans un taudis malsain,
Ces grimaces, ces cris, ces spectres dont l'essaim
11 Tourbillonne, ameuté derrière son oreille,

Ce rêveur que l'horreur de son logis réveille,
Voilà bien ton emblème, Âme aux songes obscurs,
14 Que le Réel étouffe entre ses quatre murs !

---

1. Nom d'une danseuse espagnole peinte par Manet.
2. *Le Tasse dans la prison des fous* est une toile de Delacroix représentant un prisonnier nommé Le Tasse.

· CXLII – LA VOIX

Mon berceau s'adossait à la bibliothèque,
Babel[1] sombre, où roman, science, fabliau,
Tout, la cendre latine et la poussière grecque,
Se mêlaient. J'étais haut comme un in-folio[2].
5 Deux voix me parlaient. L'une, insidieuse et ferme,
Disait : « La Terre est un gâteau plein de douceur ;
Je puis (et ton plaisir serait alors sans terme !)
Te faire un appétit d'une égale grosseur. »
Et l'autre : « Viens ! oh ! viens voyager dans les rêves,
10 Au delà du possible, au delà du connu ! »
Et celle-là chantait comme le vent des grèves,
Fantôme vagissant, on ne sait d'où venu,
Qui caresse l'oreille et cependant l'effraie.
Je te répondis : « Oui ! douce voix ! » C'est d'alors
15 Que date ce qu'on peut, hélas ! nommer ma plaie
Et ma fatalité. Derrière les décors
De l'existence immense, au plus noir de l'abîme,
Je vois distinctement des mondes singuliers,
Et, de ma clairvoyance extatique victime,
20 Je traîne des serpents qui mordent mes souliers.
Et c'est depuis ce temps que, pareil aux prophètes,
J'aime si tendrement le désert et la mer ;
Que je ris dans les deuils et pleure dans les fêtes,
Et trouve un goût suave au vin le plus amer ;
25 Que je prends très souvent les faits pour des mensonges,
Et que, les yeux au ciel, je tombe dans des trous.
Mais la Voix me console et dit : « Garde tes songes ;
Les sages n'en ont pas d'aussi beaux que les fous ! »

---

1. Dans la Bible, les hommes ont construit la tour de Babel pour se rapprocher des cieux.
2. Livre.

CXLIII – L'IMPRÉVU

Harpagon[1], qui veillait son père agonisant,
Se dit, rêveur, devant ces lèvres déjà blanches :
« Nous avons au grenier un nombre suffisant,
4　　　　Ce me semble, de vieilles planches ? »

Célimène[2] roucoule et dit : « Mon cœur est bon,
Et naturellement, Dieu m'a faite très belle. »
– Son cœur ! cœur racorni, fumé comme un jambon,
8　　　　Recuit à la flamme éternelle !

Un gazetier[3] fumeux, qui se croit un flambeau,
Dit au pauvre, qu'il a noyé dans les ténèbres :
« Où donc l'aperçois-tu, ce créateur du Beau,
12　　　　Ce Redresseur que tu célèbres ? »

Mieux que tous, je connais certain voluptueux
Qui bâille nuit et jour, et se lamente et pleure,
Répétant, l'impuissant et le fat : « Oui, je veux
16　　　　Être vertueux, dans une heure ! »

L'horloge, à son tour, dit à voix basse : « Il est mûr,
Le damné ! J'avertis en vain la chair infecte.
L'homme est aveugle, sourd, fragile comme un mur
20　　　　Qu'habite et que ronge un insecte ! »

Et puis, Quelqu'un paraît, que tous avaient nié,
Et qui leur dit, railleur et fier : « Dans mon ciboire,
Vous avez, que je crois, assez communié,
24　　　　À la joyeuse Messe noire ?

« Chacun de vous m'a fait un temple dans son cœur ;
Vous avez, en secret, baisé ma fesse immonde !
Reconnaissez Satan à son rire vainqueur,
28　　　　Énorme et laid comme le monde !

---

1. Personnage principal de *L'avare,* de Molière.

2. Personnage du *Misanthrope,* de Molière.

3. Journaliste.

« Avez-vous donc pu croire, hypocrites surpris,
    Qu'on se moque du maître, et qu'avec lui l'on triche,
Et qu'il soit naturel de recevoir deux prix,
32   D'aller au Ciel et d'être riche ?

« Il faut que le gibier paye le vieux chasseur
    Qui se morfond longtemps à l'affût de la proie.
Je vais vous emporter à travers l'épaisseur,
36   Compagnons de ma triste joie,

« À travers l'épaisseur de la terre et du roc,
    À travers les amas confus de votre cendre,
Dans un palais aussi grand que moi, d'un seul bloc,
40   Et qui n'est pas de pierre tendre ;

« Car il est fait avec l'universel Péché,
    Et contient mon orgueil, ma douleur et ma gloire ! »
– Cependant, tout en haut de l'univers juché,
44   Un ange sonne la victoire

De ceux dont le cœur dit : « Que béni soit ton fouet,
    Seigneur ! que la Douleur, ô Père, soit bénie !
Mon âme dans tes mains n'est pas un vain jouet,
48   Et ta prudence est infinie. »

Le son de la trompette est si délicieux,
    Dans ces soirs solennels de célestes vendanges,
Qu'il s'infiltre comme une extase dans tous ceux
52   Dont elle chante les louanges.

CXLIV – LA RANÇON

L'homme a, pour payer sa rançon,
    Deux champs au tuf[1] profond et riche,
    Qu'il faut qu'il remue et défriche
4 Avec le fer de la raison ;

---

1. Roche de faible densité.

Pour obtenir la moindre rose,
Pour extorquer quelques épis,
Des pleurs salés de son front gris
8 Sans cesse il faut qu'il les arrose.

L'un est l'Art, et l'autre l'Amour.
– Pour rendre le juge propice,
Lorsque de la stricte justice
12 Paraîtra le terrible jour,

Il faudra lui montrer des granges
Pleines de moissons, et des fleurs
Dont les formes et les couleurs
16 Gagnent le suffrage des Anges.

CXLV – À UNE MALABARAISE[1]

Tes pieds sont aussi fins que tes mains, et ta hanche
Est large à faire envie à la plus belle blanche ;
À l'artiste pensif ton corps est doux et cher ;
Tes grands yeux de velours sont plus noirs que ta chair.
5 Aux pays chauds et bleus où ton Dieu t'a fait naître,
Ta tâche est d'allumer la pipe de ton maître,
De pourvoir les flacons d'eaux fraîches et d'odeurs,
De chasser loin du lit les moustiques rôdeurs,
Et, dès que le matin fait chanter les platanes,
10 D'acheter au bazar ananas et bananes.
Tout le jour, où tu veux, tu mènes tes pieds nus
Et fredonnes tout bas de vieux airs inconnus ;
Et quand descend le soir au manteau d'écarlate,
Tu poses doucement ton corps sur une natte,
15 Où tes rêves flottants sont pleins de colibris,
Et toujours, comme toi, gracieux et fleuris.

---

1. Personne originaire de la côte de Malabar, au sud-ouest de l'Inde.

Pourquoi, l'heureuse enfant, veux-tu voir notre France,
Ce pays trop peuplé que fauche la souffrance,
Et, confiant ta vie aux bras forts des marins,
20 Faire de grands adieux à tes chers tamarins[1]?
Toi, vêtue à moitié de mousselines frêles,
Frissonnante là-bas sous la neige et les grêles,
Comme tu pleurerais tes loisirs doux et francs,
Si, le corset brutal emprisonnant tes flancs,
25 Il te fallait glaner ton souper dans nos fanges[2]
Et vendre le parfum de tes charmes étranges,
L'œil pensif, et suivant, dans nos sales brouillards,
Des cocotiers absents les fantômes épars!

CXLVI – SUR LES DÉBUTS D'AMINA BOSCHETTI[3]

AU THÉÂTRE DE LA MONNAIE, À BRUXELLES

Amina bondit, – fuit, – puis voltige et sourit;
Le Welche[4] dit: «Tout ça, pour moi, c'est du prâcrit[5];
Je ne connais, en fait de nymphes[6] bocagères[7],
4 Que celle de *Montagne-aux-herbes-potagères*[8].»

Du bout de son pied fin et de son œil qui rit,
Amina verse à flots le délire et l'esprit;
Le Welche dit: «Fuyez, délices mensongères!
8 Mon épouse n'a pas ces allures légères.»

---

1. Fruits du tamarinier, grand arbre des régions tropicales.
2. Saletés.
3. Danseuse admirée par Baudelaire en septembre 1864.
4. Étranger.
5. Langue ancienne de l'Inde voisine du sanskrit.
6. Déesses.
7. Des bois.
8. Rue de Bruxelles.

Vous ignorez, sylphide[1] au jarret triomphant,
Qui voulez enseigner la valse à l'éléphant,
11 Au hibou la gaieté, le rire à la cigogne,

Que sur la grâce en feu le Welche dit : « Haro[2] ! »
Et que le doux Bacchus[3] lui versant du bourgogne,
14 Le monstre répondrait : « J'aime mieux le faro[4] ! »

CXLVII – À M. Eugène Fromentin[5]
À PROPOS D'UN IMPORTUN
QUI SE DISAIT SON AMI

Il me dit qu'il était très riche,
Mais qu'il craignait le choléra ;
– Que de son or il était chiche,
4 Mais qu'il goûtait fort l'Opéra ;

– Qu'il raffolait de la nature,
Ayant connu monsieur Corot[6] ;
– Qu'il n'avait pas encor voiture,
8 Mais que cela viendrait bientôt ;

– Qu'il aimait le marbre et la brique,
Les bois noirs et les bois dorés ;
– Qu'il possédait dans sa fabrique
12 Trois contremaîtres décorés ;

– Qu'il avait, sans compter le reste,
Vingt mille actions sur le *Nord* ;
– Qu'il avait trouvé, pour un zeste,
16 Des encadrements d'Oppenord[7] ;

---

1. Génie féminin plein de grâce.
2. Au secours !
3. Dieu du vin.
4. Bière belge.
5. Eugène Fromentin (1820-1876) : peintre français.
6. Camille Corot (1796-1875) : peintre français.
7. Gilles Oppenord (1672-1742) : architecte et décorateur français.

      – Qu'il donnerait (fût-ce à Luzarches[1]!)
      Dans le bric-à-brac jusqu'au cou,
      Et qu'au Marché des Patriarches
20 Il avait fait plus d'un bon coup ;

      – Qu'il n'aimait pas beaucoup sa femme,
      Ni sa mère ; – mais qu'il croyait
      À l'immortalité de l'âme,
24 Et qu'il avait lu Niboyet[2] !

      – Qu'il penchait pour l'amour physique,
      Et qu'à Rome, séjour d'ennui,
      Une femme, d'ailleurs phtisique[3],
28 Était morte d'amour pour lui.

      Pendant trois heures et demie,
      Ce bavard, venu de Tournai,
      M'a dégoisé[4] toute sa vie ;
32 J'en ai le cerveau consterné.

      S'il fallait décrire ma peine,
      Ce serait à n'en plus finir ;
      Je me disais, domptant ma haine :
36 « Au moins, si je pouvais dormir ! »

      Comme un qui n'est pas à son aise,
      Et qui n'ose pas s'en aller,
      Je frottais de mon cul ma chaise,
40 Rêvant de le faire empaler.

      Ce monstre se nomme Bastogne ;
      Il fuyait devant le fléau.
      Moi, je fuirai jusqu'en Gascogne,
44 Ou j'irai me jeter à l'eau,

---

1. Petite ville française.
2. Eugénie Mouchon-Niboyet (1799-1883) : féministe française.
3. Très malade des poumons.
4. Débité, raconté.

Si dans ce Paris, qu'il redoute,
Quand chacun sera retourné,
Je trouve encore sur ma route
48 Ce fléau, natif de Tournai.

CXLVIII – UN CABARET FOLÂTRE

SUR LA ROUTE DE BRUXELLES À UCCLE

Vous qui raffolez des squelettes
Et des emblèmes détestés,
Pour épicer les voluptés,
4 (Fût-ce de simples omelettes!)

Vieux Pharaon, ô Monselet[1]!
Devant cette enseigne imprévue,
J'ai rêvé de vous: *À la vue*
8 *Du Cimetière, Estaminet*[2]!

---

1. Charles Monselet: gastronome et chroniqueur.
2. Petit café.

CXLIX – LE GOUFFRE

Pascal[1] avait son gouffre, avec lui se mouvant.
– Hélas! tout est abîme, – action, désir, rêve,
Parole! et sur mon poil qui tout droit se relève
4 Maintes fois de la Peur je sens passer le vent.

En haut, en bas, partout, la profondeur, la grève,
Le silence, l'espace affreux et captivant…
Sur le fond de mes nuits Dieu de son doigt savant
8 Dessine un cauchemar multiforme et sans trêve.

J'ai peur du sommeil comme on a peur d'un grand trou,
Tout plein de vague horreur, menant on ne sait où;
11 Je ne vois qu'infini par toutes les fenêtres,

Et mon esprit, toujours du vertige hanté,
Jalouse du néant l'insensibilité.
14 – Ah! ne jamais sortir des Nombres et des Êtres!

CL – LE COUVERCLE

En quelque lieu qu'il aille, ou sur mer ou sur terre,
Sous un climat de flamme ou sous un soleil blanc,
Serviteur de Jésus, courtisan de Cythère[2],
4 Mendiant ténébreux ou Crésus[3] rutilant,

Citadin, campagnard, vagabond, sédentaire,
Que son petit cerveau soit actif ou soit lent,
Partout l'homme subit la terreur du mystère,
8 Et ne regarde en haut qu'avec un œil tremblant.

---

1. Blaise Pascal (1623-1662): mathématicien et philosophe français.
2. Île grecque (île d'Aphrodite, déesse de l'amour).
3. Roi incroyablement riche.

En haut, le Ciel! ce mur de caveau qui l'étouffe,
Plafond illuminé pour un opéra bouffe
11 Où chaque histrion[1] foule un sol ensanglanté;

Terreur du libertin, espoir du fol ermite;
Le Ciel! couvercle noir de la grande marmite
14 Où bout l'imperceptible et vaste Humanité.

CLI – L'EXAMEN DE MINUIT

La pendule, sonnant minuit,
Ironiquement nous engage
À nous rappeler quel usage
4 Nous fîmes du jour qui s'enfuit:
– Aujourd'hui, date fatidique,
Vendredi, treize, nous avons,
Malgré tout ce que nous savons,
8 Mené le train[2] d'un hérétique[3];

Nous avons blasphémé Jésus,
Des Dieux le plus incontestable!
Comme un parasite à la table
12 De quelque monstrueux Crésus[4],
Nous avons, pour plaire à la brute,
Digne vassale des Démons,
Insulté ce que nous aimons
16 Et flatté ce qui nous rebute;

Contristé[5], servile bourreau,
Le faible qu'à tort on méprise;
Salué l'énorme Bêtise,
20 La Bêtise au front de taureau;

1. Bouffon.
2. Mener la vie.
3. Mauvais chétien.
4. Roi incroyablement riche.
5. Chagriné, affligé.

Baisé la stupide Matière
Avec grande dévotion,
Et de la putréfaction
24 Béni la blafarde lumière.

Enfin, nous avons, pour noyer
Le vertige dans le délire,
Nous, prêtre orgueilleux de la Lyre[1],
28 Dont la gloire est de déployer
L'ivresse des choses funèbres,
Bu sans soif et mangé sans faim!…
– Vite soufflons la lampe, afin
32 De nous cacher dans les ténèbres!

CLII – L'AVERTISSEUR

Tout homme digne de ce nom
A dans le cœur un Serpent jaune,
Installé comme sur un trône,
4 Qui, s'il dit: « Je veux! » répond: « Non! »

Plonge tes yeux dans les yeux fixes
Des Satyresses[2] ou des Nixes[3],
7 La Dent dit: « Pense à ton devoir! »

Fais des enfants, plante des arbres,
Polis des vers, sculpte des marbres,
10 La Dent dit: « Vivras-tu ce soir? »

Quoi qu'il ébauche ou qu'il espère,
L'homme ne vit pas un moment
Sans subir l'avertissement
14 De l'insupportable Vipère.

---

1. Instrument de musique (symbole de la poésie).

2. Divinités à corps humain.

3. Déesses dangereuses.

CLIII – LE REBELLE

Un Ange furieux fond du ciel comme un aigle,
Du mécréant saisit à plein poing les cheveux,
Et dit, le secouant : « Tu connaîtras la règle !
4 (Car je suis ton bon Ange, entends-tu ?) Je le veux !

« Sache qu'il faut aimer, sans faire la grimace,
Le pauvre, le méchant, le tortu[1], l'hébété,
Pour que tu puisses faire à Jésus, quand il passe,
8 Un tapis triomphal avec ta charité.

« Tel est l'Amour ! Avant que ton cœur ne se blase,
À la gloire de Dieu rallume ton extase ;
11 C'est la Volupté vraie aux durables appas[2] ! »

Et l'Ange, châtiant autant, ma foi ! qu'il aime,
De ses poings de géant torture l'anathème[3] ;
14 Mais le damné répond toujours : « Je ne veux pas ! »

CLIV – LES PLAINTES D'UN ICARE[4]

Les amants des prostituées
Sont heureux, dispos et repus ;
Quant à moi, mes bras sont rompus
4 Pour avoir étreint des nuées.

C'est grâce aux astres nonpareils,
Qui tout au fond du ciel flamboient,
Que mes yeux consumés ne voient
8 Que des souvenirs de soleils.

---

1. Tordu.
2. Ancienne orthographe de *appâts* (attraits, charmes).
3. Personne frappée d'excommunication.
4. Fils de Dédale, il vole près du Soleil, mais ses ailes en cire fondent.

En vain j'ai voulu de l'espace
Trouver la fin et le milieu;
Sous je ne sais quel œil de feu
12 Je sens mon aile qui se casse;

Et brûlé par l'amour du beau,
Je n'aurai pas l'honneur sublime
De donner mon nom à l'abîme
16 Qui me servira de tombeau.

CLV – LA PRIÈRE D'UN PAÏEN

Ah! ne ralentis pas tes flammes;
Réchauffe mon cœur engourdi,
Volupté, torture des âmes!
4 *Diva! supplicem exaudi*[1]!

Déesse dans l'air répandue,
Flamme dans notre souterrain!
Exauce une âme morfondue,
8 Qui te consacre un chant d'airain[2].

Volupté, sois toujours ma reine!
Prends le masque d'une sirène
11 Faite de chair et de velours,

Ou verse-moi tes sommeils lourds
Dans le vin informe et mystique,
14 Volupté, fantôme élastique!

---

1. Expression latine signifiant « J'ai compris le supplice! »
2. Dur, implacable.

CLVI – BIEN LOIN D'ICI

C'est ici la case sacrée
Où cette fille très parée,
3 Tranquille et toujours préparée,

D'une main éventant ses seins,
Et son coude dans les coussins,
6 Écoute pleurer les bassins ;

C'est la chambre de Dorothée.
– La brise et l'eau chantent au loin
Leur chanson de sanglots heurtée
10 Pour bercer cette enfant gâtée.

Du haut en bas, avec grand soin,
Sa peau délicate est frottée
D'huile odorante et de benjoin[1].
14 – Des fleurs se pâment dans un coin.

CLVII – MADRIGAL[2] TRISTE

I

Que m'importe que tu sois sage ?
Sois belle ! et sois triste ! Les pleurs
Ajoutent un charme au visage,
Comme le fleuve au paysage ;
5 L'orage rajeunit les fleurs.

Je t'aime surtout quand la joie
S'enfuit de ton front terrassé ;
Quand ton cœur dans l'horreur se noie ;
Quand sur ton présent se déploie
10 Le nuage affreux du passé.

---

1. Substance parfumée provenant d'un arbre.
2. Court poème exprimant une pensée ingénieuse et galante.

Je t'aime quand ton grand œil verse
Une eau chaude comme le sang;
Quand, malgré ma main qui te berce,
Ton angoisse, trop lourde, perce
15 Comme un râle d'agonisant.

J'aspire, volupté divine!
Hymne profond, délicieux!
Tous les sanglots de ta poitrine,
Et crois que ton cœur s'illumine
20 Des perles que versent tes yeux!

II

Je sais que ton cœur, qui regorge
De vieux amours déracinés,
Flamboie encor comme une forge,
Et que tu couves sous ta gorge
25 Un peu de l'orgueil des damnés;

Mais tant, ma chère, que tes rêves
N'auront pas reflété l'Enfer,
Et qu'en un cauchemar sans trêves,
Songeant de poisons et de glaives,
30 Éprise de poudre et de fer,

N'ouvrant à chacun qu'avec crainte,
Déchiffrant le malheur partout,
Te convulsant quand l'heure tinte,
Tu n'auras pas senti l'étreinte
35 De l'irrésistible Dégoût,

Tu ne pourras, esclave reine
Qui ne m'aimes qu'avec effroi,
Dans l'horreur de la nuit malsaine
Me dire, l'âme de cris pleine:
40 « Je suis ton égale, Ô mon Roi! »

CLVIII – LA LUNE OFFENSÉE

Ô Lune qu'adoraient discrètement nos pères,
Du haut des pays bleus où, radieux sérail[1],
Les astres vont se suivre en pimpant attirail,
4 Ma vieille Cynthia, lampe de nos repaires,

Vois-tu les amoureux, sur leurs grabats prospères,
De leur bouche en dormant montrer le frais émail?
Le poète buter du front sur son travail?
8 Ou sous les gazons secs s'accoupler les vipères?

Sous ton domino jaune, et d'un pied clandestin,
Vas-tu, comme jadis, du soir jusqu'au matin,
11 Baiser d'Endymion[2] les grâces surannées[3]?

– « Je vois ta mère, enfant de ce siècle appauvri,
Qui vers son miroir penche un lourd amas d'années,
14 Et plâtre artistement le sein qui t'a nourri! »

CLIX – RECUEILLEMENT

Sois sage, ô ma Douleur, et tiens-toi plus tranquille.
Tu réclamais le Soir; il descend; le voici:
Une atmosphère obscure enveloppe la ville,
4 Aux uns portant la paix, aux autres le souci.

Pendant que des mortels la multitude vile,
Sous le fouet du Plaisir, ce bourreau sans merci,
Va cueillir des remords dans la fête servile,
8 Ma Douleur, donne-moi la main; viens par ici,

---

1. Palais du sultan.
2. Condamné au sommeil éternel, ce roi est rejoint chaque soir par Séléné.
3. Qui évoquent les temps anciens.

Loin d'eux. Vois se pencher les défuntes Années,
Sur les balcons du ciel, en robes surannées[1];
11 Surgir du fond des eaux le Regret souriant;

Le Soleil moribond s'endormir sous une arche,
Et, comme un long linceul traînant à l'Orient,
14 Entends, ma chère, entends la douce Nuit qui marche.

CLX – ÉPIGRAPHE[2] POUR UN LIVRE CONDAMNÉ

Lecteur paisible et bucolique,
Sobre et naïf homme de bien,
Jette ce livre saturnien[3],
4 Orgiaque et mélancolique.

Si tu n'as fait ta rhétorique
Chez Satan, le rusé doyen,
Jette! tu n'y comprendrais rien,
8 Ou tu me croirais hystérique.

Mais si, sans se laisser charmer,
Ton œil sait plonger dans les gouffres,
11 Lis-moi, pour apprendre à m'aimer;

Âme curieuse qui souffres
Et vas cherchant ton paradis,
14 Plains-moi!… sinon, je te maudis!

---

1. Démodées.
2. Citation qu'on met au début d'un livre.
3. Triste, mélancolique.

Bibliographie

Les œuvres de Baudelaire

En dehors des *Fleurs du mal*, les principaux ouvrages de Baudelaire sont les suivants.

Éditions originales

- *Les paradis artificiels,* Paris, Poulet-Malassis et De Broise, 1860
- *Les épaves,* Bruxelles, Poulet-Malassis, 1866
- *Curiosités esthétiques,* Paris, Michel Lévy, 1868
- *L'art romantique,* Paris, Michel Lévy, 1869
- *Petits poèmes en prose,* Paris, Michel Lévy, 1869
- *Œuvres posthumes et correspondances inédites,* Paris, Quantin, 1887

Éditions contemporaines

- *Œuvres complètes,* Paris, Gallimard, « Bibliothèque de la Pléiade », 1961
- *L'art romantique,* Paris, Julliard, « Littérature », 1964
- *Du vin et du hachisch suivi de Les paradis artificiels,* Paris, LGF, « Le livre de poche », 1972
- *Sur Edgar Poe,* Paris, Complexe, « Le regard littéraire », 1990
- *Pensées,* Paris, Corti, 1991
- *Écrits sur l'art,* Paris, LGF, « Classiques de poche », 1992
- *Le Fanfarlo,* Paris, Mille et une nuits, « La petite collection », 1993
- *Choix de maximes consolantes sur l'amour et autres récits,* Paris, Calmann-Lévy, 1993
- *Conseils aux jeunes littérateurs,* Paris, Mille et une nuits, 1995
- *Mon cœur mis à nu,* Paris, Mille et une nuits, « La petite collection », 1997
- *Le spleen de Paris,* Paris, LGF, « Le livre de poche », 1997
- *Petits poèmes en prose,* Paris, Pocket, « Classiques », 1998
- *Lettres à sa mère,* Paris, École des loisirs, 1998
- *Nouvelles lettres,* Paris, Fayard, 2000
- *Correspondance,* Paris, Gallimard, « Folio classique », 2001

À propos de Baudelaire

AMIOT, Anne-Marie. *Les fleurs du mal. Baudelaire,* Paris, Ellipses, « Les textes fondateurs », 2002.

AUSTIN, Lloyd James. *L'univers poétique de Baudelaire. Symbolisme et symbolique,* Paris, Mercure de France, 1966.

BORGAL, Clément. *Charles Baudelaire,* Paris, Éditions universitaires, « Classiques du XXe siècle », 1961.

CRÉPET, Eugène. *Charles Baudelaire,* Paris, Messein, 1966.

CRÉPET, Eugène. *Propos sur Baudelaire,* Paris, Mercure de France, 1957.

DECAUNES, Luc-Charles. *Baudelaire,* Pierre Seghers, « Poètes d'aujourd'hui », 1960.

EMMANUEL, Pierre. *Baudelaire,* Bruges, Desclée de Brouwer, « Les écrivains devant Dieu », 1967.

KIES, Albert. *Études baudelairiennes,* Louvain/Paris, Nauwelaerts/Béatrice-Nauwelaerts, 1967.

KOPP, Robert. *Baudelaire. Le soleil noir de la modernité,* Paris, Gallimard, « Découvertes Gallimard », 2004.

LAFORGUE, René. *L'échec de Baudelaire,* Lausanne, Mont-Blanc, 1964.

MAURON, Charles. *Le dernier Baudelaire,* Saint-Brieuc, José Corti, 1966.

PIA, Pascal. *Baudelaire par lui-même,* Paris, Seuil, « Écrivains de toujours », 1954.

PORCHÉ, François. *La vie douloureuse de Charles Baudelaire,* Paris, 1926: http://www.biblisem.net/etudes/porchvdb.htm

PRÉVOST, Jean. *Baudelaire,* Paris, Mercure de France, 1964.

RINCÉ, Dominique. *Baudelaire et la modernité poétique,* Paris, PUF, « Que sais-je ? », 1984.

ROUGER, Jean. *Baudelaire et la vérité littéraire des* Fleurs du mal *suivi de Antilogies poétiques,* Paris, Les nouvelles éditions Debresse, 1970.

SCHNEIDER, Michel. *Baudelaire. Les années profondes,* Paris, Seuil, « La librairie du XXe siècle », 1994.

TROUVÉ, Alain. « L'image de Baudelaire dans le discours critique aragonien », *Études françaises,* Vol. 39, N° 1, 2003.

TROYAT, Henri. *Baudelaire,* Paris, Flammarion, « Grandes biographies Flammarion », 1994.

VALÉRY, Paul. « Situation de Baudelaire », dans *Œuvres I,* Paris, Gallimard, « Bibliothèque de la Pléiade », 1975.

VIER, Jacques. *Histoire, substance et poésie des* Fleurs du mal, Abbeville, Archives des lettres modernes, 1968.

Table des titres
et des incipits des poèmes